書

无数史诗、戏剧争相歌颂
的最伟大领袖——阿提拉

让罗马帝国为之颤抖的传奇英雄

ATTILA THE HUN

欧亚飓风

——匈奴王阿提拉

汗青/著

时事出版社

图书在版编目（CIP）数据

欧亚飓风：匈奴王阿提拉 / 汗青著. -- 北京：时事出版社，2015.3

ISBN 978-7-80232-827-3

Ⅰ.①欧… Ⅱ.①汗… Ⅲ.①阿提拉（约 406~453）-传记 Ⅳ.①K835.107=2

中国版本图书馆 CIP 数据核字(2015)第 034529 号

出版发行：时事出版社

地　　址：北京市海淀区万寿寺甲 2 号

邮　　编：100081

发行热线：(010)88547590　88547591

读者服务部：(010)88547595

传　　真：(010)88547592

电子邮箱：shishichubanshe@sina.com

网　　址：www.shishishe.com

印　　刷：北京市业和印务有限公司

开本：787×1092　1/16　印张：16.5　字数：175 千字

2015 年 3 月第 1 版　2015 年 3 月第 1 次印刷

定价：29.50 元

前言

preface

匈奴这个名字人们并不陌生，稍微对中国历史有些了解的人都会知道，在秦汉以后的很长一段时间里，匈奴人一直是中原王朝的心腹大患，卫青、霍去病、李广等一系列将领都是因与匈奴人作战而名留青史的。

但是，将匈奴与欧洲人联系在一起，这确实会给人一种错位感。而这，其实正是历史的魅力。长期作为中原王朝心腹之患的游牧部落最终被强大的中原王朝所击败，在经历了数百年的迁徙之后，游牧部落来到了欧洲，搅动了欧洲的历史并且诞生了一位在欧洲人口中广为传颂的传奇英雄。

这样的事真的在历史上发生了，这个游牧部落就是匈奴，这位传奇英雄就是阿提拉。

阿提拉在欧洲确实是一个传奇，甚至成为一个文化符号；

阿提拉出生在伟大的罗马帝国一分为二并且日薄西山的时代；

阿提拉是一个为了权力而杀死亲兄弟的野心家；

阿提拉带领他的游牧民，用强弓硬弩将曾经不可一世的罗马帝国打得落花流水、频频求和；

阿提拉因一位匈奴公主的结婚请求而将进攻的矛头指向永恒之城罗

马，将整个西欧都卷入战乱之中；

阿提拉在他人生中最关键的一战中不幸败北，却又幸运地逃出生天；

阿提拉一生娶妻无数，最终却在新婚之夜暴毙身亡，引得他的敌人们额手称庆；

……

这就是阿提拉，那个时代不远万里从亚洲迁徙到欧洲的匈奴人的首领，建立了庞大到可以与罗马帝国相媲美的匈奴帝国的匈奴王。这样的人，这样戏剧性的经历，又怎会不成为传奇？

阿提拉的性格与匈奴人的民族性格几乎是一脉相承的，他英勇尚武，每次战争势必御驾亲征；他桀骜不驯，将劫掠当作最主要的生存手段；他不尚奢华，首都没有宫殿只有营寨和帐篷。他虽然可以在外交场上将罗马人耍得团团转，却仍将战争视作生命的意义。

如果阿提拉不是阿提拉，如果阿提拉不穷兵黩武而是努力夯实自己帝国的根基，那么欧洲历史也许完全是另一番模样，后来强盛一时的英、法、德、意等欧洲大国也许再也不会有建立的那一天……

但阿提拉就是阿提拉，他注定会成为匈奴人的英雄、基督徒眼中的恶魔，无论是什么身份，他都注定是历史上最璀璨的流星。

也许阿提拉这样的人物更适合出现在虚构的英雄传说当中，但他却又实实在在地存在于历史的长河之中，作为一个极具争议的英雄，作为匈奴人的王！

目录
contents

第一章　狼的子民

有人认为，匈奴是一个狼一样的民族，他们像狼一样生存，像狼一样潜伏在强大的中原帝国身边，伺机撕咬它的猎物。但在匈奴人的传说里，他们就是狼的后裔；在匈奴人的心里，他们就是狼！

自由与野蛮 …………………………………………………… 002

匈奴崛起 ……………………………………………………… 005

单于两兄弟 …………………………………………………… 009

狼群败落 ……………………………………………………… 011

第二章　野蛮的访客

在汉王朝的打击下，匈奴人被迫背井离乡。几百年后，他们成为罗马人眼中最野蛮的访客，比那些他们之前口中所称呼的“野蛮人”还要野蛮百倍。偏见根深蒂固，没有人能够了解匈奴人在这数百年的大迁徙之中究竟经历了多少艰难和困苦。

难民潮 ………………………………………………………… 016

皇帝之死 ……………………………………………………… 019

扩大的骚乱 ………… 024
真实的匈奴人 ………… 027
大迁徙 ………… 030
新的家园 ………… 035

第三章　匈奴的崛起

罗马人有光辉灿烂的文化，而匈奴人却经历过无数风霜的淬炼；罗马人善于使用先进的武器和战术与敌人周旋，而匈奴人本身就是一件武器。于是，匈奴人的崛起不可避免，并且就在罗马人的眼皮底下。罗马人纵然骄傲，但也不得不承认匈奴人手中弓和剑的力量！

试探 ………… 040
以掠夺为生 ………… 045
人质 ………… 050
阿提拉与布莱达 ………… 054
江河日下 ………… 057
填不饱的胃口 ………… 059
外交的益处 ………… 062
战斗的秘密 ………… 066

第四章　阿提拉的统治

匈奴人崛起了，他们拥有了属于自己的领土和国家，而阿提拉杀死了自己的兄弟布莱达，成了匈奴人唯一的领袖，让整个国家只属于他自己。在阿提拉的统治之下，匈奴王国更加强盛，而且他们也懂得了更多与罗马人打交道的方法……

唯一领袖 …………………………………………………… 076
和平的使者 ………………………………………………… 080
望而生畏的高墙 …………………………………………… 085
作战方式的改变 …………………………………………… 088
国王阿提拉 ………………………………………………… 093

第五章　外交与阴谋

东罗马帝国的学者普里斯库斯算得上是这个世界上除了阿提拉的身边人之外，最了解这位匈奴王的人了。他曾经跟随东罗马使团深入匈奴人的国土，进入阿提拉的宫殿，亲眼见证了匈奴人与罗马人之间的外交与争斗。最重要的是，他用自己的笔记下了这一切，这绝对是一次令人难忘的经历。

使者 ………………………………………………………… 100
发酵的阴谋 ………………………………………………… 104
举棋不定 …………………………………………………… 107
谒见 ………………………………………………………… 112
热情的招待 ………………………………………………… 117
普里斯库斯的遭遇 ………………………………………… 120
宴会 ………………………………………………………… 125

阿提拉的愤怒 …………………………………………………… 130

第六章　失败的远征

阿提拉与他的老朋友罗马将领埃提乌斯早晚会有一战，虽然他们之间已经保持了15年的和平。这不仅是因为阿提拉的野心，更是因为罗马帝国的衰败。没有狼会放过虚弱的猎物，阿提拉也不例外。但可惜的是，很多方面的不成熟，注定了这场远征的失败。

新的目标 …………………………………………………… 136
女人的复仇 ………………………………………………… 140
可怕的冒险 ………………………………………………… 144
穿越法兰克 ………………………………………………… 149
上帝之鞭 …………………………………………………… 154
阿维图斯的理想 …………………………………………… 159
险胜 ………………………………………………………… 163
决战时刻 …………………………………………………… 166
埃提乌斯的考虑 …………………………………………… 171

第七章　目标——罗马城

虽然胜负只在一线之间，但阿提拉的远征终究还是失败了，罗马依旧是罗马，永恒之城依旧只是遥不可及的目标。但阿提拉并不死心，他找到了一条新路，不再挑战老朋友埃提乌斯。不过，他的目标仍旧是罗马，仍旧是永恒之城。

舔舐伤口 ······ 178
卷土重来 ······ 181
围城 ······ 184
再次妥协 ······ 187
余波 ······ 192

第八章　突然的落幕

当阿提拉威名正盛，当匈奴帝国正如日中天的时候，任何人都不会想到，这位匈奴王，这位匈奴人中最伟大的英雄会在新婚之夜骤然离世。无论如何不甘，阿提拉的人生终究落下了帷幕，历史也因他的突然逝世而被改写。那么，他的国家，以及他的朋友和对手们，又将何去何从呢？

婚礼上的意外 ······ 196
死因 ······ 199
墓葬的秘密 ······ 201
空中楼阁 ······ 209
最后的罗马人 ······ 213
阿提拉的对手们 ······ 215
最后的结局 ······ 221

第九章　不真实的阿提拉

活着的阿提拉受到无数人的尊敬和崇拜，同时也有无数人恨他入骨。而死后，他身上的传说和争议却有增无减，无数人借着他的名字传播自己的观点，无数人借着他的经历编织属于自己的故事，以至于阿提拉的形象在人们的眼中越发不真实起来。在众说纷纭中，阿提拉已不再是阿提拉，而是一个文化符号了。

众说纷纭 …… 226
各式各样的传说 …… 230
成为史诗 …… 233
阿提拉与德国 …… 236
时代的偏见 …… 242
阿提拉的后人们 …… 246

第一章

狼的子民

有人认为，匈奴是一个狼一样的民族，他们像狼一样生存，像狼一样潜伏在强大的中原帝国身边，伺机撕咬它的猎物。但在匈奴人的传说里，他们就是狼的后裔；在匈奴人的心里，他们就是狼！

自由与野蛮

匈奴人是骄傲的，他们认为自己是狼的后代。

撇开进化论不谈，狼这种桀骜但又极重族群的动物却正是匈奴人民族性格的真实写照。他们是马背上的民族，他们成群结队地出没，在农耕民族的眼中，他们就是狼。

匈奴民族生活在草原上，那是狼的地盘，而他们也自认为是狼的子孙。他们将狼的叫声用作冲锋前的呐喊，让人们以为有铺天盖地的狼群从山林中突然冲了出来。狼是匈奴的图腾，他们首领的旗帜上有一只狼，被称作狼纛。大漠的风凛冽呼啸，将狼纛吹得发出“呼呼”的声响，并上下摆动。想必在旗帜的上下摆动中，那只狼的图像会显得愈加逼真，犹如真的有一只狼雄踞旗上，在上下翻腾。

匈奴人与狼的缘分不止如此，我们还可以找到正经的古书作为依据。比如，《魏书·高车列传》中就记载了这样一个故事：

匈奴单于生二女，姿容甚美，国人皆以为神。单于曰：“吾有此女，安可配人，将以与天。”乃于国北无人之地筑高台，置二女其上，曰：“请天自迎之。”

复一年，乃有一老狼昼夜守台嗥呼，因穿台下为空穴，经时不去。其小女曰：“吾父处我于此，欲以与天，而今狼来，或是神物，天使之然。”将下就之。其姐大惊曰：“此是畜生，无乃辱父母也。”妹不从，下为狼妻，而产子。后遂滋繁成国。故其人好引声长歌，又似狼嚎。

这当然是一个传说，但古代的人，尤其是那些开化程度不高的少数民族，更愿意将这些传说引以为豪。匈奴单于想要将自己的两个女儿献祭给上天，这种举动在我们现代人看来明显是愚昧的。但在当时的匈奴部落中，单于的这一举动却表现出一种舍弃自己的亲人来保佑部落的英雄主义，而这实质上也是狼性的体现。

当然，我们也不排除这样的可能性，身为父亲的匈奴单于可能还有些不为人知的小心思。如果这两个女儿能够活下来，那么也会因为经受过孤苦环境的磨炼而变得坚强。要知道，身为一个终生风餐露宿、逐水草而居的匈奴人，如果不坚强，就注定无法生存下去。总而言之，不管单于的初衷如何，命运之神为小女儿安排的狼出现了，她觉得狼是神物，便与狼结合，成为狼妻，之后产子，“滋繁成国”。就这样，单于的这个小女儿成为了一个部落乃至一个国家的母亲，她身上的这种魔幻色彩，这种几乎接近于神的行为，以及她为自己的命运作出决定并付诸实际行动时所说的那番大义凛然的话，足以让淳朴的匈奴人为她肃然起敬，并将其奉为祖先和祭祀的对象。

于是，匈奴人也就真的在内心深处认可自己是狼的后人，并且在行为和思想中与那些游荡在草原中的野狼群越来越接近。事实上，当一个民族相信一种野性的东西与自己有渊源，或者喜欢野性的那种生命之美，那么他们的行为和思想则必然会受到这种东西的影响，因此狼的野性也就牢牢地刻印在了匈奴人的心里。

匈奴人相信自己是狼的后人，以狼为图腾并有意无意地模仿狼的行为，于是在其他人，尤其是那些文明程度更高的农耕民族的眼中，他们就成了不折不扣的狼。当他们这群长相怪异、穿着兽皮衣装的人成群结队地突然出现，并且毫不犹豫地发起进攻开始杀戮与掠夺的时候，实在很难让人不联想起“狼来了”的恐怖感觉。而当匈奴王阿提拉带着他的骑射手们出现在日薄西山的罗马面前时，西方历史上便留下了一段永不磨灭的恐怖传说。当年张辽威震逍遥津，其名在江东能止小儿夜啼，阿提拉的名字在西方人那里所起到的也是类似的效果。

狼虽残忍，但其精神却着实为人称道，匈奴人的刚烈、凶猛、沉着、果断、坚忍、冷峻等品质，便与狼有着千丝万缕的联系。在匈奴人的眼中，荣耀高于一切，甚至可以超越生死。遇上敌人，他们在英勇的追赶和砍杀中追逐荣耀，弯刀一闪，将敌人的头颅挂在马鞍上，将敌人的鲜血撒在回营路上的草丛里，这便是他们的荣耀。这荣耀是血腥的，或许有一天，他们的头颅也会挂在敌人的马鞍上，但这就是他们所追求的。不荣耀，毋宁死！这就是狼的野性。

没有人可以超越生死，但匈奴人的荣耀却会在死后被人铭记。一个匈奴人死后，人们会在他的坟上放上石头，这个匈奴人生前杀死的敌人越多，死后坟墓上的石头也就越多，后人只要看一眼坟墓石堆的高矮，就可以判断这个匈奴人活着的时候是英雄还是懦夫，他的名字是广为传诵还是默默无闻。匈奴没有文字，坟上的石头和口口相传的歌谣就是这个民族缅怀先人、铭记历史的工具。

当匈奴人悼念逝者，他们会用小刀把脸划破，让脸上的血和思念的泪一起流出。对于外人来说，匈奴人的每一种风俗都是如此嗜血，但对于匈奴人自己来说，这是一种生命的盟约，他们希望来世能够再次相见。出于天性，他们的生活中只有爱和恨。割喉划脸，血与泪一起流淌，这时候爱是一颗思念的种子；誓死杀敌，与敌人一同倒下，这时候的恨是一团在他们内心燃烧的火焰。非爱即恨，光明磊落，匈奴人虽然野蛮，但他们的灵魂却是自由的。

匈奴崛起

匈奴出现在中国历史当中，最早可以追溯到战国时期，早期的匈奴人主要聚居在黄河北部的鄂尔多斯一带。当时，赵国的名将李牧驻守雁门郡，而他的主要对手便是匈奴人，至于秦始皇大修长城所防备的，自然也是匈奴人。

虽然此时的匈奴已经频繁见于史书，但当时的他们不过只是中原国家的次要威胁，而带领匈奴崛起，并且成为中原国家，确切来说是大汉王朝的心腹之患的，是一个名叫冒顿的酋长，按照匈奴的叫法，我们应该称他为冒顿单于。

冒顿单于的父亲头曼也是匈奴的单于，值得一提的是，“头曼”这个名字很可能只是个绰号，因为它在蒙古语里的意思是“一万”，也就是说他统率着一个有一万名士兵的部落。冒顿小时候并不受头曼单于的宠爱，因此头曼单于便把他送到邻近的部落去做人质。没承想，这一步，头曼单于反而给自己惹来了杀身之祸。

冒顿被送去做人质之后，头曼单于的另一个儿子，同样也是最有希望继承单于之位的儿子很希望冒顿就此死去，于是他想出了一条毒计。他派兵袭击了那个部落，杀了不少人，还抢了不少牲畜回来。在他的计划当中，冒顿是去做人质的，如果两个部落反目成仇的话，冒顿这个人质自然也就成了刀下鬼。

可惜，冒顿并没有如他所愿，他偷了一匹马逃了出来，一路上躲避追杀九死一生，最终活着回来了。这下可就尴尬了，头曼单于明知道自己的另一个儿子害人在先，却又无法有处罚，只好给了冒顿一支部队，作为对这件事的补偿。

而对于冒顿来说，这就够了，因为手里有了兵，也就有了复仇的资本，他不仅要向害他的兄弟复仇，更要向默许这一切发生的父亲复仇。为了自己的复仇大计，他将自己的部下训练得唯命是从。他军令如山，不论哨箭所指何方，部下都必须对准那里射箭，任何没能射中的人要被处死。

为了测试部下是否忠诚，冒顿将以哨箭指向自己最心爱的坐骑，所有心生犹豫的人都被他处死，而那些剩下的，就是死忠于他的勇士了。后来，冒顿跟随父亲头曼单于去狩猎，然后找准机会用哨箭对准了自己的父亲……就这样，头曼单于被冒顿的死忠部下射成了刺猬。在这之后，冒顿一不做二不休，干脆带人杀死了所有不愿服从他的兄弟和大臣，最终坐上了单于的宝座。

冒顿虽然成了匈奴的单于，但此时的匈奴却并不是草原上最强盛的部落，临近的东胡实力便在匈奴之上。冒顿单于弑父夺权之后，东胡便蠢蠢欲动。东胡王用的是先礼后兵的方法，他派出使者来到匈奴，向冒顿单于索要匈奴部落中最神骏的宝马。东胡王这么做的目的，其实就是为了试探一下冒顿到底识不识相。

冒顿虽然年纪不大，但头脑却非常灵活。他心里很清楚，自己刚刚夺得单于之位，政权不稳，现在还不能与东胡王抗衡，可是如何去应对，他却陷入了沉思。于是，他便召集群臣商议此事。

大臣们都说："千里马是我们匈奴人的宝物，不能给他。"

冒顿静下心来想了想，然后摆摆手说："我们和东胡是近邻，往来频繁，怎么能因为一匹马而把两个部落的关系闹僵呢?"于是，他下令把这匹千里马送给了东胡的使者。

这下，东胡王可看出冒顿软弱可欺了，没过多久，他又派使者来到匈奴，这一次索要的是冒顿最宠爱的妃子。

冒顿再次召集群臣商议。面对东胡王的贪得无厌，匈奴的大臣们愤怒无比，纷纷请求冒顿出兵讨伐欲壑难填的东胡。

可是，面对东胡王一而再，再而三的无理要求，冒顿却显得并不在意，他说："为了一个女子而得罪东胡人，没那个必要。"于是，他再次下令把自己的宠妃送给了东胡王。

人心不足蛇吞象，之后，东胡王第三次派出使者，这次，他想向冒顿索要匈奴的一片土地。这片土地处于匈奴和东胡两国之间，方圆一千里，是渺无人烟的荒地。

于是，冒顿再次召集群臣商议。有的大臣说："既然是一块没有人居住的土地，东胡想要，就给他们吧。"可是这一次，冒顿却坚决反对。他厉色说道："土地是国家的根本所在，怎能轻意送给他人？来人，把东胡使者给我拿下！"

冒顿不仅杀了东胡使者，而且决定亲自率领军队，立刻讨伐东胡。

自从顺利得了宝马、美人，东胡王便认为冒顿是个软弱无能的人，他做梦也想不到冒顿竟然敢前来冒犯。

因此，当匈奴大军突然杀过来的时候，东胡人被打了个措手不及，很快便溃不成军。

可是，冒顿并没有就此罢休，而是乘胜追击，亲手杀死了东胡王方才罢休。自此，冒顿洗雪了被东胡夺宝马、抢宠妾的耻辱，而且一举吞并了东胡的所有领地。

此后，冒顿乘胜发兵，向西驱逐月氏，向南吞并楼烦等部落，又收复了被秦国大将蒙恬夺取的匈奴领地，占领了汉朝北部的部分地区。经过一系列的大征伐，北方各族无不臣服匈奴。至此，冒顿雄踞大漠南北，统一了现在的蒙古草原，建立了强大的匈奴帝国，直接威胁中原匈奴。匈奴帝国疆域十分广阔，最东到辽河流域，最西到葱岭（现帕米尔高原），南至秦长城，北抵贝加尔湖一带。这也是匈奴帝国史上最强大的时期。

而此时汉军正与项羽的大军相互抗争，所以冒顿才能一方独大，能拉弓射箭的军队达到三十余万。

后来，冒顿又征服了北方的浑庚、屈射、丁零、鬲昆、薪犁诸国。于是匈奴的贵族、大臣都心服冒顿，冒顿成为草原之王。

单于两兄弟

冒顿单于带领匈奴崛起之后，匈奴便成了大汉王朝的心腹之患，直到后来匈奴的单于两兄弟相争，才导致这个曾经雄霸一时的草原部落最终退出了中国历史的舞台。造成这一毁灭性事件的两兄弟一个叫呼韩邪，另一个叫郅支。说来也挺有意思，郅支其实是呼韩邪扶持起来的，他和呼韩邪是同父异母的兄弟，长大后一直隐居民间。呼韩邪为了对付当时在匈奴内部五单于分立的局面，便将郅支封为左谷蠡王，让他镇守匈奴龙庭东方。不料郅支也是一个野心勃勃的人，不久便自立为单于，与呼韩邪分庭抗礼。

麻烦事就这样出现了，呼韩邪和郅支都想当匈奴的单于，一统草原。匈奴从这两个人开始便分成了南北两部。这是匈奴自冒顿单于统一草原之后的第一次大分裂。本来，他们俩是亲兄弟，理应同心同德，把两双手合在一起，在草原上推动那辆希望之车，但现在却松开了，而且一松开就紧握成拳，向对方挥打过去。

一切都因为单于的那把“椅子”太诱人了，两个人都想将它争夺过来，让自己坐在上面当老大。但这把交椅到底该谁坐呢？上天似乎没有给出定律，二者相争，一者必胜，另一者必败。这两匹劫掠成性的狼会扑向对方，将对方的喉咙咬断、身体撕碎吗？按照常规，他们也许会这样。但这次他们却保持了异常的平静，都没有向对方出击。北匈奴王郅支一门心思想发展牧业，让自己壮大起来与汉朝作对，所以他天天泡在草原上无暇顾及别的。正因为他的忽略，一场生死之争由此拉开序幕。

呼韩邪两次悄悄入长安求亲，得到了王昭君那样一位大美人。从此，呼韩邪名正言顺地成了汉朝的女婿，有了坚实的靠山。同时，匈奴从这时开始与中原和好，不再南下劫掠。可以说，王昭君是改变匈奴历史的一个重要女人。从这时开始，南匈奴成了汉王朝的附属国，而北匈奴正将被一步步排挤出局，失去与中原文明对接的机会。但郅支却对呼韩邪两次悄悄入长安求亲一无所知，仍天天关心着他的草场和牛羊，做着发展壮大的美梦，对事态的发展连一点预感都没有。不得不承认，呼韩邪是一个颇有心计的人，他这样一番举动，比亲自把北匈奴王郅支撕碎更省力气，而且还有用得多。试想，如果他和郅支一番争斗，即使拿出拼命的精神，也未必一定能赢；现在，搬来一块大石头，砸他那颗小幼苗，还愁砸不死?

实际上，匈奴人大多数都是血性汉子，宁可死也不会在背地里使坏。所以，像呼韩邪这样的作为显得不正常，不符合匈奴人的本性和处事原则。既然反常，那必然就会出现反常的结果。郅支坚持的是匈奴人正常的处事原则——耿直、坦率和简单，但他的这一点却恰好被呼韩邪所利用——趁他不备，给他出乎意料的一击。我们从呼韩邪身上可以看出，一个人或一个民族的本性在阶级或政权利益下是可以被改变的，尤其是当利益已显得明朗化的时候，其改变速度就会迅速加快。呼韩邪看到了利益，而郅支没有看到，所以迅速采取行动的呼韩邪便得到了好处。

狼群败落

很快，汉朝就发兵攻打郅支。晴空落下一块大石头，呼呼的风声惊醒了郅支。他这才知道有人在背地里捣鬼，于是赶紧闪身躲过那块大石头，准备奋起反击，但那块石头早已锁定了目标，郅支躲过了初一，躲不过十五。无奈，他节节败退，只得带着族人向别处迁移，去另一个完全陌生的地方碰运气。他每向前走一步，便背离故乡一步，对于在草原上出生并长大的他来说，心中是万般不舍。这里是多么好的家啊！但不离开又有什么办法呢？汉朝是明刀，呼韩邪是暗箭，明刀难抵，暗箭难防，只有走才有出路。

慢慢地，郅支领着自己的人马走远了。

走在路上，郅支的心情起伏不定。他想，西域本来就有自己的一份，凭什么全让呼韩邪一人占去。愤恨之余，他暗下决心，日后一定要东山再起，返回故土报仇雪耻。他身上的匈奴血性开始起作用了，加之内心充满仇恨，很快，他心中之火便雄雄燃烧。他什么也不顾了，困境使他迅速恢复了狼的凶猛。他是乌孙国小昆弥乌就屠的舅舅，于是他请求乌就屠帮忙，但却遭到拒绝。他很生气，发兵把伊犁河畔的乌孙人打得大败而逃。

紧接着，郅支又将在他前行的方向有可能阻止他的居住在额敏河边的呼揭人和咸海草原上的坚昆人征服，纳入他的统治之下。不久，他又征服了坚昆和贝加尔湖南岸的丁零。战斗结束，勒住缰绳，他这才松了一口气。征战获得了粮食，肚子不会再挨饿了。更重要的是，在战场上拼杀了一番，骨骼间隐隐约约又有了一种快感。这是早先在漠北高原战斗时经常会有的感觉，这几年苦于奔波，却早已忘了。

意念复苏的一刻，郅支铁了一颗杀心。他要重新征战、掠夺，用疯狂的意念去完成他的设想。这就是匈奴人身上散发出的野性力量，这股力量不仅会影响他们的信念和意志，而且最终还会影响到他们的命运。可以说，匈奴从始至终都被血性左右着，只要有某件事激活了他们的血性，他们便率性而为，在冒险的过程中体会着兴奋和快乐。郅支在流离他乡的过程中常因血性被唤醒而心潮澎湃，他要通过征服新的世界来消除曾经的失落。

很快，郅支手下的匈奴人如同旋风一般掠过草原，扑向前方的城堡、村庄和部落。他们杀红了眼，在楚河和坦罗斯河畔一带的草原上，无人能与他们抗衡。最后，他们在坚昆国停住脚步，安顿了下来。但坚昆国人稀地少，冬天一来，他们很快便陷入缺衣少食的困境。

这时，康居王听说了郅支的情况，想借他的力量攻打乌孙，便遣使者邀请郅支到康居国定居。郅支到了康居国后，康居王和郅支将女儿互嫁对方，康居王还在塔拉斯河畔为郅支修建了一座城，命名为“郅支城”，让他屯兵其内。

但没过多久，郅支的野心再次膨胀，他将康居王嫁给自己的女儿杀死，并屠杀帮助过他的康居人。然而，郅支做梦也没有想到，他的这次疯狂杀戮，却是他一生中的最后一次辉煌，一场大风暴正悄悄向他席卷而来，他和他那群历经沧桑的匈奴兄弟马上就要被这场风暴所吞没。

其实，郅支西迁时，他的后面一直悄悄尾随着一支汉朝派出的军队，领队者是一个叫陈汤的副校尉。虽然位居将军与校尉之后，但陈汤却很会用兵，他尾随郅支很久却按兵不动，一直在寻找可以将郅支一举歼灭的机会。可以想象，陈汤的等待一定非常痛苦，他在西域蛮荒之地不敢轻易出手，因为匈奴在这种地带特别善战，稍有不慎就会被他们的反击重创。

他慢慢向前推进，一点一点地接近郅支城，终于发起了一次异常大胆的袭击。郅支看见汉朝军队突然来袭，本想带领妻子儿女逃跑，都走到城门了，他又怕日后没有人收留自己，于是便又返回城内率族人迎战。一场厮杀后，匈奴们一个个人头落地，鲜血飞溅，洁白的雪地在倏然间绽开出一朵朵骇人的红色花朵。混战中，郅支被射伤，汉朝的士兵杜勋冲到他跟前，手起刀落取了他的脑袋。郅支死后，其余族人大部分被杀，一小部分神秘地消失了。

警惕性很高的狼，为什么突然放松了嗅觉，没有发现跟在身后的汉朝军队呢？原因说起来很简单。到了一个新地方，他们内心自然而然会有一些舒适感，便丧失了警惕性，也许他们觉得已经走出了汉域，汉朝军队不可能再追杀他们了。所以，他们便被忍耐性极强的陈汤一举击溃。跟随郅支苦苦迁徙到咸海边的匈奴人死的死，散的散，从此没了踪迹。没有人再见过他们，也没有任何文字记录下他们的行踪。

苍穹一如既往地降下大雪，大地很快又恢复了平静。

第二章

野蛮的访客

在汉王朝的打击下，匈奴人被迫背井离乡。几百年后，他们成为罗马人眼中最野蛮的访客，比那些他们之前口中所称呼的“野蛮人”还要野蛮百倍。偏见根深蒂固，没有人能够了解匈奴人在这数百年的大迁徙之中究竟经历了多少艰难和困苦。

难民潮

匈奴在亚洲的故事就此结束，让我们把视角转向欧洲，这里才是本书主角阿提拉叱咤风云的地方。公元 376 年，令人不安的消息传到了君士坦丁堡东罗马帝国皇帝瓦林斯的耳中。作为同他兄弟一起共治罗马帝国的统治者，瓦林斯非常清楚边境所遭遇的各种麻烦，可他从没有碰到过这样的事。在遥远的北方，巴尔干半岛之外，多瑙河北岸的沼泽地中，成千上万的难民在那里聚集，这些人宁愿满怀恐惧地逃离他们的田地和村庄，忍受贫穷与饥饿，也不愿意面对那些东西——那些东西究竟是什么呢？一位历史学家形容说："这是一个至今为止不为人知的种族，他们从遥远世界的角落里冒出来，像一阵从高山上降下的旋风，将一切挡在他们前进道路中的物体连根拔起、毁灭殆尽。"

这是一个恰当的比喻。这些外来者都是些骑射手，他们疾驰着冲进战场，围成圆圈环绕着释放出箭雨，紧接着就突然撤离到安全地带。从未有人见过这样的骑手，他们骑马时就像钉在马背上，如同与马鞍铸在了一起。他们突然从亚洲腹地的空旷土地上闯了过来，如同赶牲口一样驱赶着阻碍他们前进的居民，虽说这个“不为人知的民族”要在他们最有才能、最强有力的领袖带领下以整体形象出现还需要若干年，但他们在今天的俄罗斯南部和乌克兰大草原上的横冲直撞已经让一个又一个部落纷纷迁移。而其中的一支此时正在多瑙河畔提出要求，必须给他们一些什么才行。

当然，当时的瓦林斯还没有注意到这些骑射手，他的目光聚焦在那些难民上。这些哥特人是两个世纪前闯入东欧和南俄罗斯的庞大日耳曼部落中的成员，他们目前已分裂成东部和西部两支。最早的难民是西部的哥特人，他们被称作西哥特人，而与他们相对的是东哥特人，瓦林斯不久就会看到他们的远亲紧随而来。

年近 50 岁的瓦林斯有着 12 年的执政经验，并且知道不少有关这些骄傲、独立的西哥特人的事，他有理由对他们及其领袖多加提防。他们已经不再四处游荡，而是在今天的罗马尼亚定居下来，把自己从游牧者转变为农民，从劫掠者变成了训练有素的敌人。30 年前，他们还被视作帝国的同盟者，还曾经接受贿赂为罗马和君士坦丁堡提供军事援助。但他们不会总是待在原地，瓦林斯本人就因在 10 年前为了能让他们好好在自己的故土上待着而进行了一场战争。但事情没有如预料的一般发展，西哥特人在战场上可能会被击败，但如今他们令人坐立不安地躲藏在特兰西瓦尼亚的山区中，作为游击队，他们很难被歼灭。

然而 7 年之后，西哥特人卷土重来了，只是这次他们是作为一个寻求避难所的民族入境而不是作为武士入侵。西哥特人的领袖菲列迪根现在正祈求得到帝国的允许，让他们穿越因雨水而暴涨的多瑙河。他梦想着他的人民会受到欢迎，并在肥美的色雷斯山谷过上新的生活。

因为无论如何他们都是要来的，所以瓦林斯权衡利弊之后决定把危机转化为有利因素。瓦林斯认为菲列迪根既然能够聪明地把他绝望的人民聚集起来，并将他们限制在罗马边境的右侧，他就不会构成威胁。事实上，他不仅保证今后会和平地生活，而且还愿意为帝国军队提供更多的士兵。两位统治者都知道曾有过一个先例：许多年以前，一群哥特人被允许行至多瑙河以南处，并定居于阿德里安堡，他们已经证明了自己成为模范市民。瓦林斯的谋士们建议他不要把他以前的敌人视作难民，而要将他们当作皇帝不堪重负的军队兵员来看待。瓦林斯同意了，但要求哥特人必须交出他们的武器。同时，官员们为了帮助不是因为敌对的目的来到北方的哥特人，而带着运输工具、食物来到边境分配给他们。

但实际上，并不存在什么被许诺的土地，而且西哥特难民太多了，色雷斯的乡村完全无法承受，他们必须留在原地。于是，多瑙河南岸变成了一片穿着短袍、浑身湿漉漉的难民的广阔扎营地。而对西哥特人来说，他们就像刚逃离一个油锅却又进入了另一个油锅的蚂蚁。他们暗自盘算着采取直接的行动将他们认为已许给自己的土地拿到手中，而那位无能、邪恶、鲁莽的地方长官卢皮奇努斯则从高卢调来了更多的军队以压制混乱局面。

雪上加霜的是，西哥特人来自东部的表亲——成群的东哥特人也为逃离东方不知名的威胁而来到了多瑙河，他们看到这里的孱弱防御，便不等到允许就过了河。这次新的涌入大潮在支援了菲列迪根的同时，也推动了哥特人的南下，他们来到了当地省的首府马西安诺堡附近。

在那儿，卢皮奇努斯假借讨论援助方案之名邀请菲列迪根参加一场盛宴，而墙外被数千名罗马士兵拒之门外的西哥特民众却因为四起的流言和憎恨情绪而变得越来越愤怒。由于怀疑他们的首领已经被诱降，西哥特人袭击了一支罗马分队并缴获了他们的武器。当这次突袭的消息传到宴会餐桌上时，卢皮奇努斯处死了一些菲列迪根的侍从作为报复，并且打算把他们全部杀死。但这对于卢皮奇努斯来说是自杀性的行为，因为叛乱者现在已经是一支军队了。菲列迪根沉着冷静地指出，现在唯一能够阻止冲突的方法是让他完好无损、自由地回到他的人民那里。卢皮奇努斯见自己别无选择，只能释放了他的客人。

皇帝之死

穿过下美西亚，也就是今天的保加利亚，愤怒的西哥特人到处纵火劫掠，抢夺了大量的武器。在一场以更多的罗马人死亡和西哥特人抢得更多的武器而告终的战争后，卢皮奇努斯只能无奈地蜷缩在被攻陷的马西安诺堡的街头。

瓦林斯还做了另一件十足的蠢事。他因为害怕西哥特人会与东哥特人结成同盟，便命令长期安分守己地定居在阿德里安堡的西哥特人立即离开。作为连通巴尔干山脉和君士坦丁堡的要塞，阿德里安堡可不是一座可以拿来冒险的城市。瓦林斯意图保护这座城市的安全，但却得到了完全相反的结果。当西哥特人请求得到两天时间的宽限以打点行李时，地方长官拒绝了他们的要求，并且怂恿当地人朝他们投掷石块来驱赶他们。面对这样的情况，西哥特人恼羞成怒，他们杀死了那些压迫他们的人，然后离开这座城市，投向了同胞的怀抱。

公元 377 年的秋天，双方形成了僵持局面，哥特人的主力在巴尔干山脉陡峭的峡谷中找寻安全之所，而罗马人则来到了今天背靠罗马尼亚和保加利亚境内黑海沿岸的多布罗加的干裂草原。哥特人继续抢掠，因为这是这些背井离乡又拖家带口的难民们唯一的出路。他们冲破了罗马人的封锁，朝南一路劫掠到了今天的土耳其。一位名叫阿米亚努斯的历史学家描绘了当时的混乱场景："婴儿在他们母亲的怀里被屠杀，女人们被强暴，男人们被奴役，只能为自己经历如此之多的不幸而恸哭，为被焚为灰烬的家园淌下热泪。"

那么罗马帝国援军的情况又如何呢？不妙。尽管罗马帝国有 50 万大军，但其中有一半都是紧紧盯着容易惹麻烦的野蛮人的边境驻防军，只有一半是机动部队。而且，其中的很多士兵还是非罗马人的雇佣军，任何一个调动命令都可能导致他们开小差逃跑，因此只有在高卢边境由瓦林斯的年轻侄子格拉提安统领的军队能够被调用。格拉提安虽然年仅18岁，却已经做了两年的共治者和西部帝国的皇帝，而且声誉日隆。但他能为维持莱茵河与多瑙河沿线的和平所能做的也就这么多了：把军队从高卢调往巴尔干的计划使边境出现了危机，日耳曼人借此发动一波又一波的攻势，将格拉提安的注意力吸引了整整一个冬天。直到公元378年，他才开始增援他的叔叔。

公元378年的初夏，瓦林斯从君士坦丁堡出发向北行军，计划与他的共治皇帝兼对手——野心勃勃的侄子格拉提安会合。

与此同时，瓦林斯那受挫的自尊心开始作祟。当初是他要求格拉提安的帮助，但如今却已经开始嫉妒他侄子的成功，并且热切期望着他自己也可以在战场上取得同样的成功。6月，在向北进军阿德里安堡时，他的侦察兵告诉他，一支哥特人的军队正在接近，但仅由1万人组成，远少于他1.5万人的军队。于是，瓦林斯在阿德里安堡外马利扎河与登萨河交汇处扎了营，并于几天之后在营外修建了木栅，挖掘了沟渠。

就在这时，一名来自多瑙河上游某个地方的官员从格拉提安那里捎来了一封信，信中格拉提安力劝他的叔叔在援军未到的情况下切勿轻举妄动。瓦林斯决定召开一次军事顾问会议。一些人同意格拉提安的意见，但另一些人则悄悄议论着格拉提安只是想要分享本该属于瓦林斯一人的胜利果实。这正符合瓦林斯的意思，于是他决定放弃侄子的建议，一意孤行。

在登萨河上游13公里处，菲列迪根决定临时扎营，他对发动战争非常谨慎。在他身边的不仅有他的武士们，还有他们的家人，但也不过3万余人，另外还有一支全部由家用马车改装而成的根本不能在一天之内整编起来的笨重的车队。为了更好地作战，他必须抛开这些碍手碍脚的马车，但这些还不够。因此他派人去请求东哥特人重甲骑兵的支援，与此同时，为了尽量拖延时间，他还派出一些侦察兵点燃了与罗马人之间的一片麦田。

就在这时，一名信使带着一封信来到了瓦林斯的营帐。是的，“野蛮人”的首领们同样懂得任用能够熟练使用拉丁文的秘书来与罗马世界沟通。这封信是由一名基督教教士带来的，他可能为了使西哥特人皈依而成为了他们的助手。这封信以官方恳求的口吻要求恢复和平的状态，而作为报答，罗马皇帝要给予他们土地并保护他们不受正在逼近中的来自东方的旋风的侵犯。

但瓦林斯不会给他们任何东西。他想要的是胜利——抓住或杀死菲列迪根，使哥特人受到震慑。他拒绝回应这封信，并且赶走了那名教士。

第二天早晨，罗马人准备完毕。所有不必要的装备，包括空闲的帐篷、珠宝箱、皇帝的长袍，都为了安全起见而被带入了阿德里安堡。同时，骑兵和步兵出发朝13公里外的西哥特人的临时营帐浩荡而去。这是一次短程行军，但也是一次令人极度紧张的行军。他们在灼人的烈日底下穿过被烧毁的田地，举目之下也没有溪水可供这些重装部队饮用。

几个小时之后，罗马骑兵和步兵接近了西哥特人的临时营帐。西哥特人在那儿粗野地呐喊着，并唱着对哥特祖先的赞歌。汗流浃背的行军使罗马人疲惫不堪，但是面对一触即发的战事，他们只能也必须拖着疲惫的身躯展开战斗队形。他们慢慢地将队伍拉成一条直线，并撞击着他们的武器，敲打着他们的盾牌，以压过野蛮人的呐喊声。

此时的菲列迪根还在等待援军，于是他再一次玩起了拖延时间的把戏，提出和解的要求；而瓦林斯再一次因为使节的地位太低而将他赶走。对峙仍在继续，东哥特骑兵还没有赶来。菲列迪根不得不又一次派出使者，仍然是和平的建议，但是他增加了筹码。他提出如果瓦林斯能够派出高官的话，他愿意本人亲自前去谈判。这一次瓦林斯同意了，一名合适的志愿外交官也上了路，但与此同时，一支渴望荣誉的罗马骑卫队也对西哥特人的侧翼进行了一次突袭，这位志愿外交官只好仓促地撤了回来。不得不说，他撤得正是时候，因为这时东哥特骑兵正沿着山谷疾驰而来。

这正是菲列迪根所期盼的。突袭中，早已埋伏好的西哥特步兵从马车里涌了出来，他们射着箭，投掷着长矛。两支军队短兵相接之时，顿时陷入了刀枪剑戟、血雨腥风之中，尘土飞扬使得战场上弥漫着呛人又迷离的尘雾。在混战之外，西哥特弓箭手和长矛手只能焦急地等待，因为任何随意的投掷或发射都可能造成同伴的伤亡。

接着，东哥特重甲骑兵赶到了，奇怪的是并没有罗马骑兵前去阻截他们。踏着垂死的士兵，他们的战斧劈开了饱受酷热折磨、被铠甲压弯了腰、最后跌倒在浸透鲜血的大地上的步兵们。不到一个小时，活着的罗马士兵就开始蹒跚着跨过尸体逃离阵地。历史学家阿米亚努斯这样形容当时的局面:“一些倒下的人不知道谁在攻击他们，另一些人因为寡不敌众而被击垮，还有一些人则死在自己的同伴手中。”

日落之后，战场上的喧嚣在这个没有月亮的夜晚渐渐归于寂静。三分之二的罗马士兵与战马的尸首葬身一处。这时，黑暗的田野里回荡着一种悲怆的声音，那是得到上帝庇佑得以返回阿德里安堡的伤兵们，他们穿过被焚毁的庄稼地，在道路上哭喊、抽泣和呻吟着。

没有人知道瓦林斯最后怎么样了。有人说他在夜晚降临之时被一支箭射中而身亡；也有人说他在战场附近找到了一间坚固的农舍做避难所，只是在最后这座屋子被包围并且连同里面的人都被烧成了灰烬，一个从窗户里逃了出来的人讲述了那时所发生的事。无论如何，可以肯定的是，他的遗体一直没有被找到。

扩大的骚乱

战争仍在继续，但罗马帝国却毫无对策。西哥特人从逃难的人和囚犯那里知道了阿德里安堡里藏着什么。拂晓时分，他们继续挺进，在那些寻找避难处的幸存者身后紧追不舍。但对那些幸存者来说，并没有什么安全的地方，守城的人正在仓促准备应付一场难以知晓结果的围攻，因为害怕会削弱防御，所以他们拒绝打开城门让这些逃回来的同伴入城。到了中午，西哥特人已经包围了城堡，设计诱捕了那些反抗他们的幸存者。绝望之中，大约有300人投降，但却被当场屠杀。

对这座城市来说，万幸的是一场雷雨阻止了这场袭击，迫使西哥特人返回了他们的营地，从而给了守城者时间用石块加固城门，准备好投石机和弓箭。当西哥特人在第二天发动攻击时，他们中数百人被石块砸死、被长矛般的箭射穿，最后被埋在了石头之下。

袭击城市的计划受挫之后，他们将目标转向了君士坦丁堡并在沿途疯狂抢夺劫掠。当他们到达君士坦丁堡时，一件可怕的事件使他们的狂暴平息了下来。当这座城市正在加强自身防御，一支萨拉森人的部队突然从城门里冲了出来。在这些令人畏惧的士兵当中，有一个人擎着巨剑，赤裸上身飞快地冲进战场，切开了一个哥特人的喉咙，然后抓住那人的尸体吮吸他身上流淌的鲜血。这足以吓退勇猛的哥特人，并迫使他们朝北方撤退。

这场战争稀稀拉拉打了4年，最后以一个条约结束，这个条约给予了哥特人几乎当初他们所要求的一切东西：多瑙河南岸的土地和半独立的状态。但这个条约必然维持不久，因为哥特人是一个不断移动的民族，他们是那些削弱罗马帝国根基的诸多蛮族移民中最强大的一支。一个曾经参加过阿德里安堡战役的西哥特人在战役结束后又参加了另一场叛乱，然后随军缓慢挺进深入帝国的内部，并在公元410年短暂地占领罗马城。

接着，他又越过比利牛斯山，最后从这座山原路返回法国南部“颐养天年”。

所有的这些混乱，包括难民危机、叛乱、阿德里安堡的灾难、对君士坦丁堡的攻击、难以达成的和平、被蛮族缓慢地侵蚀，都是由那来自东方的“不知名的种族”所发动的。但无论是罗马帝国内部还是离他们更近的蛮族，都没有关于他们的任何信息。

事实上，在这场战争中，那支来自东方的部落也曾经露过面。就在那些来支援菲列迪根的骑兵中，有一支轻装骑射手分队，数量不超过几百人，他们是被派来保卫菲列迪根的单于亲卫队。当时，正是因为他们的到来迫使罗马人后撤，使得哥特人冲入了色雷斯。

毫无疑问，他们作为劫掠者、侦察兵以及在骚扰敌人的侧翼等方面都做得非常出色。就算他们在阿德里安堡外的战场上出现，估计也没有人会特别注意到这些几乎不披戴重甲的数量不多的粗野之人，但在之后的掠夺中有人发现了他们的身影。

不过很快，他们就突然消失了，因为没有多少城市被攻陷，获取的战利品自然也少得可怜。他们离开了，同时带走了另一种财富：讯息。他们已经见到了西方人将来必然会给予的贡品。自从他们知道罗马在600年前被汉尼拔的军队击败后，便料到其必然会更多地依靠重装骑兵，但显而易见的是，这种骑兵是没有办法与他们匈奴的骑兵相抗衡的。

更重要的是，他们发现罗马已经病入膏肓：四处“漏风”的边境线，召集和移动庞大军队对付快速移动的游击队时的窘迫，以及当遭遇“野蛮人”时所表现出的傲慢。当哥特人侵入罗马使整个巴尔干地区陷入暴乱之中时，这些机动灵活的匈奴骑射手们便策马疾驰返回，随身带着他们偷来的少量物品和致命的讯息——这个帝国是富裕的，同时也是脆弱的。

这些轻装、快速移动的骑射手是到达欧洲中部的第一批匈奴人，正是他们制造了将哥特人驱至多瑙河对岸的旋风。不久，匈奴人在最无情的领袖阿提拉的带领下，也将渡过多瑙河，给日益衰败的罗马帝国带来远远超出哥特人所引起的震动。

真实的匈奴人

在罗马人的眼中，匈奴人是比那些被称作“野蛮人”的哥特人和日耳曼人更加可怕的民族。他们的理由只有一个，那就是这些人来自北方，而人人都知道气候越寒冷的地方，人们就越野蛮。

当时大多数的罗马人对于匈奴人的印象是：这些人长得又矮又壮，脖子粗大，奇丑无比而且弯着腰，以致让人以为他们是两条腿的动物，或者是那些被粗糙地刻在桥梁矮墙木桩上的雕像。没有什么东西像他们这样残忍和丑陋，两种缺点杂糅在一处更是骇人，更夸张的是他们会把男婴的面颊割破，这样婴儿在成人之后胡子就会长成一块块的形状。他们不懂得用火，也不懂得冶炼金属，像野人一般过着茹毛饮血、吃草根的生活；他们为了使肉变嫩，便把其放在马鞍底下；他们没有像样的建筑，甚至连茅草棚也没有一间，因为他们很害怕屋子倒塌。他们一旦把脖子套进邋遢的衬衣里面，除非最后穿烂，否则绝对不会脱下来。的确，他们是出色的骑手，但甚至连这也是他们野蛮的一种表现，因为他们实际上就生活在马背上，吃、喝、睡都在马鞍上。他们的鞋子完全没有形状，他们的腿蜷曲着几乎不能走路。

就连哥特人都瞧不起他们。哥特历史学家约尔达内斯说："这些发育不良的矮子，愚蠢而又孱弱的部落民，他们是女巫和不洁的精灵的后代。如果要我说的话，那简直就是一个拉着细褶子的肿块，而不是长着眼睛的脑袋……尽管他们以人形存在，但他们却有着野兽的冷酷无情。"这些评判在以后的时代中也不断得到回应。实际上大家都乐于引用其他人的判断，所有人都将匈奴人谴责成臭不可闻、罗圈腿、污秽肮脏、粗野淫荡和令人厌恶的矮子。

当然，这些言论没有什么真实性可言。

当匈奴人于公元 4 世纪中叶从里海北面某个地方出现，并前往黑海时，他们在罗马人的眼中是生活在已知世界的尽头的。但正如不久之后拜访匈奴人的旅行者将要发现的那样，他们蓄着胡须，种庄稼，完全能够建造房屋，他们之中英俊男子与美貌女子的比例也与其他种族一样高。

这些男人必然会令人肃然起敬，因为他们有着令人敬畏的勇敢坚毅，他们饱经风霜，并且因为每天都要使用强有力的弓而令肩膀变得平坦而又宽阔。然而，可能因为融合了太多其他人种，他们中的一些人外貌极其富有魅力。没有人在匈奴那里见过脸上有疤痕的儿童，男人的胡须也是稀疏垂落，就像阿提拉一样；而一些成年人脸上可能会有疤，但是这和儿童时期所谓的“戕害”没有任何关系。前面曾经提到过，他们的自我戕害是哀悼仪式的一部分。

没有金属？没有烹制过的食物？第一支匈奴人所射出的箭就足以反驳前一个质疑，而关于烹饪的证据也很快随之而来。比如，他们最大的财富就是蒸煮罐，一种有着粗壮把手的笨重的钟形器皿，看上去像是有着圆锥形脚的巨大花瓶，最高可达 1 米，重量为 16–18 千克，烹煮食物够全族人食用。

后世的考古学家在捷克共和国、波兰、匈牙利、罗马尼亚、摩尔多瓦发现了不少这样的大锅。在俄罗斯，有半打这样的锅被发现分散在很大一片区域中，其中一口在伏尔加河畔的乌里扬诺夫斯克州附近，另一口在更北面 600 公里处，还有一口甚至在阿尔泰山脉附近被发现。

这些大锅都是用两三个模子粗糙地浇铸出来的，支脚可能是分开制作，然后再粗糙地焊接起来，接口和毛糙的斑点都没有锉平整。合金的成分随意性大：大部分金属采用的都是当地的铜，加上铜和铅的红色氧化物，但是几乎没有用到锡，而锡可以与铜混合起来制造出青铜。

对于任何一名优秀的冶金铸工来说，这些大锅看上去都相当业余，但是由于匈奴人处于不断的迁移之中，因此对他们来说这些大锅相当实用。匈奴人的冶金工匠有熔化铜的工具以及一些又大又重的石头模具，这些大锅就足以否定这些人是除了打仗和吃生肉以外什么也不懂的原始人的观点。要制造这样的锅不仅需要庞大的、组织良好的群体，还需要充足的食物，只有这样才能维持冶金工匠的生活所需并支撑冶炼工作的顺利进行。

大迁徙

匈奴人在向西的迁移过程中，远离了哈萨克斯坦的草原以及成海北部的平原，是在遗忘中被湮没还是攀登征服的新高峰，他们必须作出抉择。要征服他人就要有团结统一的队伍和有力的指挥者，而他们成为欧洲人最大威胁所欠缺的最后一个因素就是一个民心所向的领袖，之前他们一直缺少一个最终能释放出匈奴人被压制着的力量的领袖。公元 4 世纪，匈奴人拥有了他们的第一个著名的领袖，他第一次带领匈奴吸引了外部世界的注意力。他的名字可能是巴拉姆贝尔或巴拉穆尔，除了名字，我们对他一无所知，我们唯一知道的就是他激励他的人民把战斗力凝在一起，攻击一个又一个的部落。

公元 350 年，匈奴人穿越了伏尔加河。这一小群凶暴的骑射手带着他们冗长的车队建立了一个草原国家。

在此之前，这片草原曾经被萨尔马提亚人所统治。萨尔马提亚人是一个由伊朗人种组成的松散联盟，他们在 500 年前从斯基泰人手里夺得了这片草原。关于萨尔马提亚人我们知道不少，因为他们的一些艺术瑰宝在西伯利亚西部被发现并被送到俄国的彼得大帝手里。他们喜欢把涂着彩漆的薄板嵌入金属中，图案多为动物的搏斗场面，包括灰熊、老虎对马或牦牛，而且这种风格慢慢传播到哥特人和其他日耳曼部落。萨尔马提亚人特别擅长使用长矛战斗，他们的武士穿着有保护作用的圆锥形无檐帽和铠甲，但他们与匈奴人的龙卷风般的骑兵完全不同。

萨尔马提亚人的一个分支是阿兰人，这是一个分布广泛的低一级部落联盟，他们被波斯人称为阿斯人。他们是牧牛的游牧民，住在由树皮做顶的马车上并且崇拜一把插在地上的剑，这种信仰后来也为阿提拉自己所接受。在他们坚强矮小的马上，他们是令人畏惧的骑手。阿兰人更有可能是欧洲人而不是亚洲人，因为他们长着浓密的胡须和蓝色的眼睛；他们热衷于战争，善于用剑和套马索，在战场上发出令人胆战的啸叫声；他们斥骂老人，因为他们没有在战斗中死去。他们的族群分布极广，有成百座该族坟墓在俄罗斯南部被发现，其中有不少是为了纪念女武士而建的。或许，适应性是他们在公元 4 世纪中叶实际遇到的主要问题——缺少与匈奴人骑射手相抗衡的整体性。

匈奴人将一个又一个部族驱赶得四散逃离，而阿兰人则融入了匈奴部落。但即便如此，阿兰人却仍然保持着自己的个性，他们就像砂石一般，虽然同其他人混在一起，但却还是相当生硬、有棱角。在几代人之后，分布在不同地区的阿兰人有的成为匈奴人有用的兵源，有的成为罗马人的盟友。比如，他们在高加索的后裔转变成俄罗斯南部格鲁吉亚的奥塞梯人；在罗马帝国的另一端，他们加入哥特人进军西班牙，加泰罗尼亚这个名字就是将哥特和阿兰组合而形成的；到了公元420年，他们还加入了汪达尔人的队伍，这个部落曾经在前往北非的途中将他们横扫。

第聂伯河对岸居住着东哥特人。他们是定居的农民，但是他们敬重的首领——埃尔马纳里克影响并鼓舞了后来的匈奴领袖。他是一个从黑海蔓延到波罗的海的一块广阔土地的统治者，这块土地是他自己直接统治的核心区域，另外还有由附庸、同盟者、纳贡者和贸易伙伴组成的松散联盟。

当时有传言说，匈奴首领巴拉姆贝尔对东哥特人采取了行动，因为他认为埃尔马纳里克已经不复当年之勇，可是他的一名附庸叛逃，留下了他不幸的妻子苏尼尔达来承受埃尔马纳里克的报复。她的胳膊和腿分别被绑在两匹马上，当这两匹马被驱赶着朝两个不同的方向奔跑时，她被撕成了两半。她的两个兄弟试图刺杀年老的东哥特国王，却没有成功，只是伤到了他。但正所谓“长江后浪推前浪”，再英勇的猛士也有英雄迟暮的一天。在那之后，用约尔达内斯的话来说：“弱不禁风的他拖着日益衰弱的病躯苟延残喘。”巴拉姆贝尔带领着匈奴人以及阿兰人骑兵于公元

376 年左右在黑海北岸粉碎了埃尔马纳里克的军队。

正如瓦林斯将要看到的，在德涅斯特河畔，今天的罗马尼亚，西哥特人会是匈奴人的下一个目标。西哥特人已经成为了骄傲而又成熟的人民，现在定居在城镇中，在他们被称作“法官”的统治者的管理下遵守着法律和秩序。当一名罗马使臣将西哥特统治者称作“王”时，瓦林斯提出了反对：王是依靠权威统治，而法官则依靠智慧统治。罗马因此放弃了直接统治的打算，他们准备把西哥特人当成贸易伙伴，重视其对罗马的奴隶、谷物、织物、酒和钱币的供应。

他们中的一些人是基督徒。在匈奴人还没有到来之前，一名希腊主教乌斐拉已经为哥特人设计了一种字母表，并翻译了《圣经》。但是基督教从没有赢得“法官”或其他贵族的皈依，他们面对从君士坦丁堡涌出的新的文化帝国主义，更热衷于保持他们自己的信仰，这种信仰是他们的身份认同感的精髓。

在瓦林斯于公元 369 年承认了西哥特人在阿塔纳里克的统治下的独立之后，看上去双方都得到了好处：他们协议建立了一个贸易合作的伙伴关系，确立了相互尊重的原则，罗马人得到了一个对抗亚洲内陆的蛮族游牧部落的缓冲地带；而自由使得阿塔纳里克可以做任何他想做的事而不用害怕罗马的干涉。他想要做的是消灭基督教。他通过一场重新加强古老哥特人宗教影响的邪恶仪式达到了目的，这种宗教以地母女神那瑟斯为中心。阿塔纳里克的官员们用车子载着女神的木雕像到基督教归信者的帐篷里，命令他们崇拜这尊雕像，与他们的基督教信仰断绝关系，违者以死刑论处。很显然，大多数人选择了活下去，除了一个叫萨巴的狂热信徒，他准备殉教。他被当作愚蠢的人驱逐出了村庄，他辱骂了部落里的同伴直到他们把他丢进河里，用一块木板将他压在水里淹死。正如他所希望的，他成为了第一位哥特人圣徒。

罗马和基督教可以被抵制，但是前行中的匈奴人却不能。阿塔纳里克试图在德涅斯特和沿线设置防御工事，但是匈奴人不理睬哥特人的军队，趁着夜色过河突破了防线，从哥特人的后方进行突袭。在匆忙撤退经过了今天的摩尔多瓦之后，哥特人开始在摩尔多瓦边境的普鲁特河沿线建造壁垒。匈奴再一次的横冲直撞瓦解了哥特人的士气，他们不得不穿过多瑙河进入色雷斯，开始了一系列最后导向阿德里安堡战役的事件。

在他们身后，阿提拉的祖父正从乌克兰低地出发，在一次穿越喀尔巴阡山的长达 75 公里的进军中，他们沿着现在从科洛梅穿过喀尔巴阡国家自然公园的道路蜿蜒而上。入侵者一般都会走这条路，蒙古人在 1000 年之后走的也是这条道路。

新的家园

在公元4世纪80年代早期的匈牙利大平原上，匈奴人准备把这里当作他们的新家园，但却发现这里一点儿都不理想。

他们有整整一代人一生都在迁徙，他们靠战争获利，生活相当优渥。他们已经与掠夺脱不开干系，因为这不单单是为了胜利和荣耀，更多的是为了生存，掠夺是他们唯一的生存方式。可现在，突然间，他们被包围了。东面是特兰西瓦尼亚和喀尔巴阡山脉，他们若干年前正是从那里穿越而来，在那儿，他们早就没有退路；南面和西面是多瑙河，那里是罗马的边境以及他们的军队和堡垒城镇；而在北面和西面，日耳曼部落早晚有一天会成为附庸，但是他们并不富裕。要判断出到底要走哪条路需要一些时间。对于新到的游牧民族来说，未来是复杂和未知的，更是艰辛的。

在阿德里安堡战役之后，罗马帝国力图重建对内、对外的和平，但是却失败了。巴尔干仍处在叛乱之中，哥特人也依旧在肆意洗劫，直到西罗马的皇帝格拉提安以及他的东部共治者狄奥多西大帝在公元380年至 382 年之间以减免税赋、赐予土地和雇佣军队等手段同他们单独进行了谈判，才使这一地区安定下来。

正是狄奥多西在两次关键时刻通过派军队支持基督教对抗异教以及在西部平叛而挽救了摇摇欲坠的帝国；也正是他成功地让哥特人皈依基督教成为了他的盟友，但与此同时他却不顾他们的基督教是“异端”这一事实。还是他，在公元 395 年去世之前把尼西亚公会议所确立的基督教为正统强加给了整个帝国。随着他的死亡而来的是抵御混乱与蛮族势力的堡垒的倒塌。他的继承者是两个软弱的儿子——阿卡狄乌斯和霍诺留，他们分别统治着帝国的东部的西部。

罗马帝国变成了一杯各种文化的“鸡尾酒”，它们互相混杂，却又彼此依赖。有些蛮族定居了下来，而另一些则继续迁移，其中最著名的是西哥特人。一位新的首领阿拉里克带领着他们横扫巴尔干。他是如此成功以至于后来被任命为这个行省的统治者，但这仅仅是为他的人民在帝国内找到更好家园的一个踏板罢了。无论是帝国东部还是西部，哥特人和其他蛮族中都有人成为了高级官员，其中甚至包括个别匈奴人。在西罗马，有着汪达尔人血统的斯蒂利科与狄奥多西的一位侄女结婚。而哥特人全体都成为了罗马士兵，但事实上，他们所效忠的不是皇帝而只是他们自己的首领。野蛮人很快成了帝国命运的主宰者。公元 401 年，阿拉里克率领他的西哥特人进入了意大利，迫使皇帝移宫拉文纳，并在那儿待了一个世纪。

从公元 405 年到 407 年这段时间里，两支混杂着哥特人、阿兰人、汪达尔人、士瓦本人、阿勒曼尼人和勃艮底人的蛮族军队席卷侵入高卢和意大利。斯蒂利科倾向于同他们合作，因而引发了一场反对野蛮人的对抗行动，在这期间斯蒂利科被肃清并被处决，但这次事件对野蛮人的挺进毫无影响。

公元410年，阿拉里克攻陷了罗马。这是这座永恒之城800年来第一次在城墙之内见到敌人。这次事件对基督教的影响是如此强烈，以至于启发北非希波城的主教奥古斯丁写出了这个时代最有影响力的著作《论上帝之城》。阿拉里克在那年去世，不过他那无家可归的军队依然在寻找一个家园，他们退回到高卢，然后进入西班牙，最后又折回来定居在比利牛斯山以北的阿基坦。公元418年，他们的新首都图卢兹变成了这个半自治地区的中心。除了名字之外，这里在各方面都俨然是一个国家的运转方式，他们为罗马帝国提供军队以交换谷物的日常供应。野蛮人和罗马人在地域、军队、社会以及政界都纠缠在了一起，狄奥多西的女儿也就是霍诺留的姐姐，20岁的加拉·普拉奇迪亚的命运正好可以作为这个进程的例证，她被迫成为一个野蛮人的妻子，这个野蛮人就是阿拉里克的继承人阿萨尔夫。

但是命运让加拉·普拉奇迪亚的人生得到了一次不同寻常的转折。当阿萨尔夫死后，她再一次违背自己的意愿嫁回到罗马人的族群中，有了一个配得上她身份的丈夫，那就是身为贵族并且是将军的君士坦丁努斯。

这次婚姻将她推入了权力的旋涡，在这其中，她为保护自己经历了许多戏剧性的曲折，使自己成为在她这个年纪的最令人敬畏的女性。君士坦丁努斯死后，她被指控阴谋反对她的亲弟弟，于是她带着还在襁褓之中的女儿霍诺丽亚以及4岁的儿子瓦伦提尼安逃到了君士坦丁堡，而她的儿子瓦伦提尼安将会成为西部帝国的继承者。在君士坦丁堡，当时东部帝国的统治者是阿卡狄乌斯的儿子，另一位狄奥多西，到了公元423年，当他22岁的时候，他成为了整个帝国的唯一统治者。

然而，当加拉·普拉奇迪亚要求将西部皇位交给年轻的瓦伦提尼安时，他选择了支持她。结果，当拉文纳的宫廷大臣选择将皇冠交给一名没有家族背景的官员约翰时，狄奥多西派出一支军队粉碎了篡位者，并立当时年仅6岁的瓦伦提尼安为皇帝。至此，加拉·普拉奇迪亚带着女儿终于回到了意大利，她注定要在罗马帝国与阿提拉的战争中扮演一个特别戏剧性的角色。

这就是阿提拉在公元4世纪20年代达到成熟时事情的发展状态：罗马帝国分裂；几个蛮族部落成为移民集团，北方前线陷入混乱；两边的军队都有部分敌对民族加入。对于一名多瑙河北岸野心勃勃的单于来说，这样的情形太诱人了。

第三章

匈奴的崛起

罗马人有光辉灿烂的文化，而匈奴人却经历过无数风霜的淬炼；罗马人善于使用先进的武器和战术与敌人周旋，而匈奴人本身就是一件武器。于是，匈奴人的崛起不可避免，并且就在罗马人的眼皮底下。罗马人纵然骄傲，但也不得不承认匈奴人手中弓和剑的力量！

试探

匈奴人第一次出现在西欧是在公元384年，当时他们和他们的附庸阿兰人受邀加入了与一位自称皇帝的篡位者马克西姆斯作战的帝国军队。他们帮助帝国将马克西姆斯赶出了意大利，而且如果不是因为接受了赏赐而规规矩矩地回了家的话，他们可能会更加深入地进入帝国。他们的良好行为使得狄奥多西在4年之后再次雇佣他们参加了在意大利的镇压叛乱行动。

“哦，多么值得纪念的事啊”，公元4世纪的历史学家帕卡图斯这样写道，“哥特人和匈奴人以及阿兰人纪律严明，轮换守卫，而且不害怕被谴责。他们没有骚动，没有混乱，也没有野蛮人通常的抢掠行径”。但是这次，在胜利之后，野蛮人的军队却拒绝回家。君士坦丁堡的主教约翰·克里索斯托这样描绘当时的场面：“从没有发生过的事现在出现了；离开了他们自己国家的野蛮人蹂躏了我们广袤的土地，而且许多次，他们还放火烧了田地并占领了城镇；他们不打算再回他们的家园。他们还嘲笑我们，因为我们喜欢休假而不是发动战争。”

这不是一支在统一指挥下的军队，而是由小强盗、贵族们带领的打了就跑的袭击者，与他们作战就像在大雾中乱抓一气一样，根本没有办法正面击败他们。君士坦丁堡提出了一个交易：有关的野蛮人可以变成盟友，这其中包括大多数哥特人，也包括匈奴人群体，他们将会得到多瑙河南岸的土地，但他们必须安顿下来，停止骚扰。这些匈奴部族没有统一的领袖，并不比家族群体大多少，但是现在，匈奴人第一次正式出现在帝国的内部。

在北方，匈奴人的主力已经是匈牙利东部和罗马尼亚的主人，在巴拉姆贝尔的继承人、被称为巴希西或库尔希西的领导下，已经有了至少是初级的统一体。位于布达佩斯和巴拉顿湖之间树林繁茂的维特斯丘陵边上，靠近今天的恰克堡村，有一座墓地。在那儿，一批有着奇怪风俗、披金戴银的人加入了当地部落，但是他们没有得到多少土地，当地的经济正处在支离破碎的状态之中。

在喀尔巴阡布满森林的山谷里没有多少草场，而那些曾经同牧群一起住在匈牙利平原上的人将会发现这里并不是他们梦想中的大草原，因为在这里，蜿蜒流过的蒂萨河到了春天会发大水，并将草原分割成两半。他们虽然有来自喀尔巴阡山脉以外的被打败的哥特人和阿兰人奴隶，还有曾经是匈牙利的主人并且知道如何耕地的萨尔马提亚人。但是，无论是当地的农田还是引进的牧群，都无法满足匈奴人的食物需求。他们只能从当地夺取，或者当他们手头有金钱时，从更远的地方购买生活必需品。同时，金币也是用来制作金质薄片的原材料，他们中的上层家族会用这些薄片装饰他们的马具、武器和头饰。

到哪儿去找金子呢？巴尔干已经完全遭到破坏，而君士坦丁堡又太过强大。他们四处打量想要寻找一个容易些的目标，一个会向他们反复磨炼的战术屈服并提供足够战利品的目标。

公元 395 年，他们转向了帝国的后门，也就是东部行省，那里的帝国军队因为陷入另一场内战之中而外防空虚。要到达那儿，他们必须沿着黑海一路疾驰 1500 公里左右，有利的是，那条在曾经属于哥特人和阿兰人领土上的道路现在已是他们自己领土的一部分，而且此时正是春季，草原正开始新一轮的生长。他们每人都有的两到三匹备用马，在俄罗斯南部的大草原上可以不受阻碍地以每天 160 公里的速度驾驶马车前行，一个月之内他们就可以见到冰雪环绕的高加索山脉。然后，他们需要用两个星期来翻越高加索，通过达留尔关隘，那里现在是穿过高加索中部从车臣到格鲁吉亚的必经道路。

信奉基督教的亚美尼亚是帝国的东部边境，它就在前方，那里距离富裕的叙利亚和腓尼基海岸还有 1200 公里路程。那个夏天，土耳其中部的村庄都被付之一炬。据历史记载，匈奴人的军队在叙利亚抓了 1.8 万名奴隶。

当时在伯利恒有一位名叫哲罗姆的学者和未来的圣徒，他听说了匈奴人来到的消息之后浑身战栗。哲罗姆出生在意大利北部，在罗马接受教育，并在那里成为一名基督徒。之后，他在安条克住了许多年，试图找到一种解决关于阿里安主义激励争论的方法。他到有关的各个地方旅行，最后定居在伯利恒。现在，他认为自己生存的唯一希望就是逃亡到海边。过了一年，当这一切都结束之后，他写下了自己的经历：

> 瞧，这些不是来自阿拉伯的而是来自北方的狼群，去年它们被释放出来扑到了我们的身上。它们从远方高加索的岩石中冒出来，很快就蹂躏了广大的行省。有多少座修道院被占领，多少溪流都被人们的鲜血染红!除非我有一百条舌头和一百张嘴，以及钢铁一般的声音，否则就无法列举出这一场场灾难。他们驾驭着敏捷的马到处驰骋，屠杀和恐慌笼罩了整个大地。他们以我们意想不到的速度迅速出现在各地，甚至超过了流言传播的速度。他们对任何宗教、任何社会等级的人，甚至连老人和孩子都不放过。那些刚出生的婴孩还没来得及了解这个世界就被敌人戕害了，临死前还带着微笑。我们被迫准备好船只等在海滩上，警惕着敌人的到来。即使是在狂风怒号的情况之下，我们对野蛮人的害怕依然胜过了对海难的恐惧。

然而，匈奴人并没有到达巴勒斯坦。哲罗姆回到了他在伯利恒的家，那里没有遭受任何的袭击，因为匈奴人一次顺着幼发拉底河与底格里斯河而下的入侵引起了波斯人的注意。那是一支波斯军队而不是罗马军队，他们将匈奴人往北赶，夺回了被偷走的物品，并释放了 1.8 万名囚徒。当希腊官员普里斯库斯在 50 年后知道了这次袭击时，他听说为了避免被追捕，匈奴人选择了一条不同的路，他们在途中遇到了“从海底的岩石中发射出的火焰”，这可能是指富含石油的里海海岸，意大利旅行家马可·波罗称这种现象为“喷射出大量油的喷泉，这种油不能食用，但却是很好的燃料”。

所以匈奴人的这次试探性袭击算不上成功，尽管如此，这还是一次惊人的成就。匈奴人返回时可能损失了一些战利品和奴隶，但是他们大大地拓展了自己的地理知识和军事经验。他们此前从没有发起过这样的战役：它在速度和残暴程度上前所未有，并且在此后 800 年中依然后无来者，直到成吉思汗率领蒙古人从另一个方向进军而来，穿过高加索山脉对俄罗斯发动的第一次战争才能与之相提并论。这一行动给了他们极大的信心。要是当初他们选择再次攻击东罗马的话，那他们会得到多少倍于现在所获得的东西呢？虽然说要进行这场战争的话，他们只需朝着南方径直穿过巴尔干半岛，行进 800 公里就可到达匈牙利平原，而这只是他们刚走过的那段路的五分之一而已。

以掠夺为生

9年过去了。北部前线的一切都像最初一样安宁。这或许是因为哥特奴隶更有生产力，或许是因为蒂萨河被更好地加以利用，或许是从高加索带来的战利品已经足够他们挥霍了。在一位新领袖乌尔丁的带领之下，匈奴人甚至能通过替东部帝国对付一个棘手的人物来取悦君士坦丁堡。比如，一名叫盖纳斯的哥特首领作为帝国指挥官却背叛了罗马，匈奴人在一场短暂而激烈的战争中将其杀死，并把他的头颅作为礼物送给了皇帝阿卡狄乌斯。

除了这些冒险之外，匈奴人一直老老实实地待在家里，消磨他们的时间，直到公元404年的冬天，乌尔丁率领一支军队穿过冰冻的多瑙河站到了色雷斯。这只是一次热身练习，在差不多4年之后，即公元408年，他重新回到了大规模入侵的最前沿。这时是发动进攻的好时机，因为西哥特人正在前往罗马的途中，一大批汪达尔人移民和其他部落已经穿过了莱茵河，而东罗马帝国的军队已经转向前往波斯边境加强防御。匈奴人前进的冲击波甚至影响到了耶路撒冷。在那儿，哲罗姆得出了结论，认为上帝的惩罚已经再次通过野蛮部落之手降临到了不道德的罗马世界，“这些野蛮人有着像女子一般的脸庞，而且这些脸都被深深地割破了。当那些蓄着胡须的男人逃跑时，他们会从背后刺杀他们”。

没有什么能阻止匈奴人不断侵略，因此一位不知名的罗马将领安排了一场和平谈判，打算给予他们一些金钱了事。一个夏天的早晨，两位领导人在色雷斯边境的某个地方相会。乌尔丁没有被打动，他指着冉冉升起的太阳说，如果罗马人不能给他足够的钱，他就会攻取太阳照得到的所有土地。但不幸的是，他的一位官员急于想要接受这笔赔款，就让步了，而这使得罗马人痛击了忠于乌尔丁的军队并把他们铐在一起，用车运到了君士坦丁堡。这件轶事的主要来源是一名于公元 5 世纪中叶在君士坦丁堡内写作的教会历史学家所佐门，他报告说见到过这些俘虏中的不少人在奥林匹斯山附近的农庄干过活儿。这么一来，乌尔丁的权威被大大削弱，他后来逃回了自己的领地，此后便一直被帝国派来加强多瑙河舰队的巡逻船抑制在自己的地盘上。

乌尔丁的要求很明显：他不在乎土地，不像 40 年前的哥特人那样要求居住的权力，因为新土地会分散他的人民，减弱他的力量。他想要金钱，因为即使在有作为奴隶的土地劳动者供养的情况下，他们的需求也已经无法满足了。他需要用一个民族统一体来维持自己的统治，这只能用金钱来收买忠诚才能达到。而财富的最直接来源就是罗马和君士坦丁堡，要从他们手里得到钱就需要强大的军队。权威、统一体、控制附庸、对罗马和君士坦丁堡的政治影响力、金钱，所有这一切都是为了维护权威和统一。匈奴人已经陷入了一个征服的循环陷阱之中，撤退就意味着失败、耻辱、贫穷和崩溃。

匈奴人已经多多少少地把他们的新家园当作是自己的家，但是乌尔丁的权威因为公元 408 年的战役而被削弱，附庸都不听从召唤，他自己的亲信也是如此。匈奴人的小集团无视他的存在自立门户，有的人加入了哥特人与罗马人作战，有些人则加入了罗马军队抵抗入侵。

乌尔丁面对这一切做了什么？在多瑙河的对面，他没有做任何震动世界的事。然而，他在当地聚集了力量，特别是一个格皮德人的小集团，这些人居住在带萨河东部的草原上。从那以后，格皮德人成了匈奴人的盟友。另一方面，匈奴人在公元 5 世纪的头 20 年做了什么事仍不得而知。

看起来匈奴人与东部帝国、西部帝国的关系开始有了些不同。发布于公元 419 年和 420 年的两部东罗马帝国法律朝着黑暗之中投入了微弱的光线，它们告诉我们卡拉顿的野心是指向东方的。这第一部法律颁布了任何向野蛮人泄漏造船术的人都要判处死刑的法令；另一部法律禁止一些产品通过海路出口。流出的这些古怪细节告诉我们匈奴人虽然贫穷，但仍然是统一的，并且有着建立一个海上运输帝国的野心，而东罗马阻止了他们。如果是这样，我们或许可以理解为是罗马帝国的敌对导致了匈奴人再次走向依靠掠夺维生的老路子。

他们显然进行了掠夺。这是从一部现存的关于君士坦丁堡的防御特别是新城墙防御的法令中得出的结论，这部法令发布于公元 413 年，为的是对付匈奴人的威胁。这堵城墙以皇帝狄奥多西二世的名字命名，但城墙建造时皇帝还是一个孩子。这项工作实际上是由身为摄政者、禁卫军长官的安提米乌斯酝酿并推动的，他为保卫东部帝国已经做了不少事。他不但命令海军巡逻船开到多瑙河上，还与波斯签订了和平条约并尽力搞好与罗马的关系。现在他需要有一堵新的城墙，因为这座城市朝着陆地的一面已经发展得大大超出了君士坦丁堡旧防御体系的防御能力，蔓延到了外部的平原地带——这在战争时期是相当危险的。

新的堡垒将会扩展5公里，从马尔马拉海一直到金角湾，带有9扇门和几十座塔楼。这些塔楼大到可以让当局从事一些私人事务，允许原先的地主使用塔楼低层，这摆脱了原先公共建筑只能用于军队需要的限制。9年之后，这座城墙建成了，但权力并没有落入到15岁的狄奥多西手中，而是落在他野心勃勃的姐姐普尔喀丽娅的手中，所以对住在新塔楼里的人发布一条自相矛盾的法令极有可能是她的主意。法令规定从今以后，“新城墙每座塔楼的底层房间”将为准备战斗或从战场上返回的士兵使用，而在用途变更时，“地主们不应被骚扰”。无论是谁起草了这部法令都非常清楚这会引起强烈的抗议，“甚至私房屋主通常也要为这部法令提供他们的房屋的三分之一的空间”。

为什么必须要这么做？一名生活在公元6世纪的历史家马塞里努斯·科梅斯用一段简短的评语告诉我们：“匈奴人摧毁了色雷斯。”他没有再提供进一步的细节。在这个时刻，这声惊雷还远不足以引起大家的重视和评论。

而匈奴人和西罗马帝国却走了一条截然不同的道路，在这条道路上一切看起来都非常明朗。一些匈奴人集团作为同盟者而受雇佣，他们还得到了环巴拉顿湖东岸的土地；匈奴人成了西罗马帝国常规军的分遣队；而当地的匈奴人和罗马人在相互容忍中紧密地生活在一起，这种情况甚至出现在继续坚守瓦勒库姆的罗马士兵的眼皮底下，瓦勒库姆是一座强大的要塞，保卫着通向环巴拉顿湖西岸并穿过被罗马人称为瓦拉里亚地区的道路。

这座要塞的遗址在今天的费内克普茨塔村，要塞看上去是一个长宽皆为 350 米的正方形，它有着 44 座塔楼和 4 扇门，每一扇门都面对指南针的一个指向。它既是城镇也是堡垒，其中有一个指挥中心、一些官署、一座教堂和一座 100 米长的可能曾经是贸易场所的建筑物；现存的一架犁和其他农具告诉我们这座城镇依靠它附近的农村供养；一块 82 千克的铁砧让人联想到了它的工业水平。城镇里铁匠、泥瓦匠、陶工、皮匠、织工和金匠一应俱全，成百上千的人，甚至包括当地的匈奴人在那儿生活和做生意。

人质

正是在这种亲密的氛围中，可能是在接近公元410年的时候，一位罗马青年，弗拉维乌斯•埃提乌斯作为人质来到了匈奴人之中，这件小事将会对整个欧洲产生重大影响。“人质”这个词经常会被用到，但用在这个年轻人身上并不正确。这个年轻人因为两个原因而正式被派来：首先是作为和平共处的证明，当然，作为交换也需要一名同等显赫的匈奴人前往罗马；其次是作为一名年轻的使节，一个相当于海外志愿军或和平队志愿者的身份，他的工作是保证与匈奴人的友好关系并不断地提供信息。

像所有的使节一样，他实际上也是一名间谍。他曾经在阿拉里克的哥特人中扮演过同样的角色，并和他们在一起待了三年。埃提乌斯的经验使他成为维系和平和提供军事情报的独一无二的人选：他能说哥特语、匈奴语、拉丁语和希腊语；他的朋友遍布四方。他用他的知识和关系维持与匈奴人的和平达30年之久，这个成就使他成为罗马帝国最伟大的将领之一。

埃提乌斯的经验很快便派上了用场。公元 423 年，帝国被罗马与君士坦丁堡之间的战争撕裂，对那些仍然将之视为一个帝国的人来说这是一场内战。当时，只是一名文官的篡位者约翰（或称之为约翰内斯）在拉文纳被推举为皇帝，一支东罗马的军队决定前去废黜他。这时约翰需要帮助，而当时正值 20 多岁的埃提乌斯，正好能够利用他的匈奴人朋友为约翰提供依靠。

公元 425 年，埃提乌斯回到了匈奴人那里，携带着成箱的黄金。当然，这只是一笔预付定金，一旦东罗马人被击败还会有更多的酬谢。于是，一支匈奴人大军朝意大利奔去，这支军队后来被认为有 6 万人，但是学者们认为几乎所有的报告都被夸大了，夸大成分可能有 10 倍之多。匈奴大军在到达拉文纳之后从后方袭击了东罗马的军队，但他们来迟了：3 天之前，约翰已经被处决了。

匈奴人还是进行了战斗，直到东罗马帝国军队求和为止。当然，作为交换，匈奴首领为他贪婪的军队索要了更多的金子，当然，这其中没有什么所谓的思想意识或忠诚。这些匈奴人会为任何付他们钱的人卖命，而且乐于继续为帝国效劳。但是拉文纳的新主人期望更加广泛的和平，匈奴人在这里自然没了用武之地。而已经是伯爵的埃提乌斯被派去整顿不受拘束的高卢北方边境，并在那里又待了 7 年，而匈奴人都回到了潘诺尼亚和瓦拉里亚。在那里，为了感谢匈奴人的帮助，当地人允许他们接受地产和进入要塞，而全无敌对的迹象。

因为埃提乌斯和西罗马帝国，匈奴人才能够巩固他们在今天的匈牙利的势力，而那里将为更有野心的酋长们提供一个稳固的基地。这里所说的酋长是两兄弟，奥克塔和鲁加，没有人知道他们从哪里来。他们可能是巴拉姆贝尔、巴希西、库尔希西、乌尔丁或是依然难以断定的卡拉顿的后代，也可能是一些新贵氏族的子嗣，其实这没有什么特别的，因为这在匈奴人中曾经发生过，而且在这之后又发生过两次。最有可能的情况是，两位王只是简单地分别统治两块不同的区域，鲁加在东部而奥克塔在西部。我们所能下结论的就是双王制是不稳定的，发生在罗马和君士坦丁堡之间的事可以作为例证。为了取得那至高无上的王权，两人必须既有野心又残酷无情，敌对实际上不可避免。

他们的第一场战争结果并不好。因为被罗马帝国从陆地和海上围困起来，他们只能出卖唯一可以出卖的部落——西北方莱茵河沿线日耳曼人中一支叫作勃艮底或尼伯龙根的部落。部落中大部分人早在 15 年前就已渡过莱茵河，留下的人对任何人都构成不了威胁。他们是民族大迁徙的沉滓，乐于在和平之中生活，主要是在莱茵河流域以做木匠维生。

现在，匈奴人突然到来，伴随着的是毁灭。心急如焚的勃艮底人决定向罗马寻求帮助，他们派了一个使团渡过莱茵河，要求派遣一名能让他们皈依基督教的主教。这起作用了，宗教激发了勃艮底人的勇气。当匈奴人再次到来时，3000 名勃艮底人杀死了 1 万名匈奴人，其中包括他们的共治统治者奥克塔，而这一小支部落得以保存了下来。毫无疑问，数据是被夸大的，但在这个故事里多少会有一些真实成分，因为勃艮底人的皈依也被一位公元 5 世纪的西班牙作家奥罗修斯在一部世界历史著作中提到。虽然匈奴人损失了不少，但这让他们明白了在南日耳曼的森林中作战的困难。

公元 432 年，因为奥克塔的死亡，鲁加成了唯一的首领。正是他加强了与匈奴人的老朋友埃提乌斯的联系，而后者已经成为罗马邪恶内讧的牺牲品。在被摄政者加拉·普拉奇迪亚解除职务后，埃提乌斯通过亚得里亚海来到达尔马提亚，然后又向南穿过罗马人、日耳曼人、哥特人控制的区域以及萨尔马提亚人和匈奴人混杂居住相互融合的无主地区，又越过多瑙河进入匈奴人的中心地带。在这里，鲁加给了他一支雇佣军，这支军队让他拥有了返回家乡并从摄政公主普拉奇迪亚手中重新夺回职务的军事力量。同年，他成了执政官，在三名执政官中居于首位，并被任命为西罗马帝国军队的统帅，而且再一次被派去保卫莱茵河边境对付法兰克人。

鲁加看起来给了匈奴人的王国一个稳固的基础。他拥有一支强大到足以对东罗马发动成功袭击的军队，他还有足够聪明的使臣，他们能够通过谈判从东罗马得到每年 350 磅的黄金以及返还匈奴人逃亡者的承诺。袭击不是一场大胜利，350 磅黄金也不是一笔巨款，但这对于匈奴来说是一个良好的开端。金钱被直接付到了鲁加这里，这意味着他有分配的权力，因此就能够维持酋长们对他的效忠。如果有人反对，那他们只能选择逃跑，作为非法移民到边境寻求避难，鲁加要维持并扩展他的权威就不能容忍这种情况。他严厉打击了那些不听话的氏族，并要求那些亡命之徒从罗马返回。

在这个节骨眼上，也就是公元5世纪30年代的中期，鲁加死了。有人说上帝为了奖励皇帝狄奥多西的谦恭温顺和虔诚而用雷电击毙了鲁加，还用瘟疫和天国之火消灭了鲁加的手下。但是这个说法的创造者没有解释为什么上帝放过了鲁加的两位兄弟蒙楚克和艾巴尔斯。哥哥蒙楚克有两个儿子，这对兄弟现在走向了中心舞台，成了另外一对双王，他们需要保持不守规矩的臣民们的统一并保证来自罗马人——不论东部还是西部的资金和物品的流入。他们中一个叫作布莱达，而另一个就是阿提拉。

阿提拉与布莱达

君士坦丁堡的前主教聂斯脱利是一个激动易怒的人。他与早年分裂基督教的核心问题有过一段时间的纠缠，这个问题就是：基督是神还是人，或者是两边都有一点？他认为他所发现的，不，是他所知道的事实才是真理：那就是基督既是神又是人，却占据着两个不同的位格，因为很明显他的神的部分永远不会是人的身体。而玛丽亚不能是神的母亲，因为那会让人得出一名凡俗女子能够生出一个神的结论，这是自相矛盾的。因此，他，聂斯脱利是正确的，而所有不赞同他的基督徒，也就是那些接受了公元 325 年在尼西亚公会议所确立的原则的人以及所有其他人，包括反尼西亚主义者、异端，他们都是错的。

但这个世界并不欣赏他的结论。他伟大的对手，亚历山大的西里尔令他遭到谴责并被流放到埃及南部最远端的绿洲中。他抱怨施加在他身上的不公正，并准备向他们讨回公道，或者更正确地说，上帝会站在他这边。事实上，神圣的复仇已经开始了，不然怎么解释匈奴人的崛起呢？他们分散的时候不过就是一些强盗而已。现在，他们突然联合起来，而且要向罗马挑战，这当然是对基督教世界“违背真理”的惩罚了。

聂斯脱利可能在起因上没有说对，但他对问题产生的广大范围的判断是正确的。匈奴人的确崛起了。他们不再是小规模的劫掠者，到了公元 5 世纪 30 年代末，他们已经变成在广大地域中进行大规模掠夺的劫掠者。事实上，这跟上帝支持聂斯脱利毫无关系，而只与我们的主人公阿提拉的崛起有关。

在鲁加死后的 10 年中，阿提拉因为与哥哥布莱达的共同统治而被束缚住了手脚。在这 10 年里，两兄弟一起奋斗巩固他们的王国，但年少的阿提拉却日益愤懑。

他们是如何掌权且为什么能掌权依然是个谜。对公元 5 世纪早期他们的童年我们一无所知，尽管他们的名字在日耳曼语中都相当常见，但也帮不上什么忙。

在一开始，对这两位王子来说，所有的一切都风平浪静。他们与西罗马保持和平，自己也定居下来与当地的群体融合在一起，并且把注意力集中在压榨东部帝国上，但并不是一切都是那么甜蜜。鲁加的死一定引起了他们两兄弟之间的一些不愉快的争论，他们在这个时候分割了王国，阿提拉得到了今天罗马尼亚的多瑙河下游区域，而布莱达统治了位于前方的更容易接近富裕的西方的匈牙利。他们一定都会要求亲属和下级酋长效忠，并且是以威吓手段得到了他们的承诺，这导致两名王室的堂兄弟逃往南方，丢下了他们的家人而到敌人之中寻求避难。

鲁加死的那年，阿提拉和布莱达一起遵守了他们的叔叔与罗马帝国之间签订过的和平协议，他们骑马南行来到了位于马古斯对面的边境要塞康斯坦蒂亚。这座要塞正好位于今天的罗马尼亚的边界线之内，守卫着在贝尔格莱德东部 50 公里处与多瑙河并流的摩拉瓦河的河口。在那儿他们会见了君士坦丁堡的使者普林塔。按历史学家普里斯库斯的看法，普林塔是一个上好的人选，因为他自己就是一名“斯基泰人”，这个词被用来称呼所有的野蛮人或者像在此处是称呼以前的野蛮人。普林塔和他那因经验丰富及智慧过人而被选作副手的伊比吉尼斯肯定准备了一些载着帐篷的马车、几名抄写员和厨子以及一次奢华的宴会，打算用正式的礼节取悦对方，而粗野、机敏并以此为荣的匈奴人则对此非常轻蔑。普里斯库斯写道:“野蛮人认为下马会谈是不合适的，所以这些关心他们自己尊严的罗马人，也就是那些从君士坦丁堡来的新罗马人，最终选择用斯基泰人也就是匈奴人认可的方式会谈。”

谁掌控了大局是毫无疑问的。阿提拉和布莱达口述了应该办理的事项，普林塔的抄写员记下了这些条款：所有的匈奴难民要被遣送回多瑙河北岸，包括两位尊贵的王子；所有逃跑的罗马俘虏都要被返还，除非每一个人缴纳 8 个索里达的赎金，也就是九分之一磅的黄金（这些黄金按照 2004 年的金价相当于 600 美元），给捕获他们的人。这是一种保证金钱直接流入匈奴人最高层的好方法；贸易要得到开放，在多瑙河上举行的年度集市要保证所有人都安全；而付给匈奴人用以保证和平的钱则要加倍，从每年 350 磅黄金涨到每年 700 磅，只要罗马人一直付钱，那和平就会长久地保持下去。

江河日下

作为他们良好信誉的证明，东罗马后来遣返了两名王室逃亡者马玛斯和阿塔卡姆。匈奴接收这两个人的方式告诉了我们阿提拉与他兄弟之间的恶意敌对在合作的表面之下涌动，也告诉了我们那个时代的残酷。王子们被发配到了多瑙河下游一个叫作卡尔修姆的地方（今天罗马尼亚位于多瑙河三角洲的哈尔索瓦镇），直接落入了阿提拉的手中。很明显，要取得他们的忠诚是毫无希望的。为了惩罚他们并让大家引以为戒，阿提拉用 1000 年后刺刑王弗拉德臭名昭著的手段处决了他们，而那位弗拉德后来也是这一地区的统治者。

那些被匈奴人强加上去的条款说明了他们所追求的究竟是什么。虽然他们喜欢熔化金币来制作珠宝，他们同样也发展了一种建立在罗马钱币上的货币经济，而要得到金钱没有比敲诈勒索容易的方法了。他们在多瑙河上的贸易集市中能提供马匹、皮毛和奴隶，但这不会给他们带来真正的财富。因为这些物品不够他们去换取使生活变得更加快乐的丝绸和酒，同样也不够他们雇佣那些能够为他们制造重型武器的外国工匠，而这些武器是他们要保证长期安全所必需的。另外，只有得到堪与罗马匹敌的财富，他们才能避免被讹诈。

按照圣安布罗斯的说法，基督徒用贷款吸干野蛮人的血是完全被允许的："对于那些无法在战争中征服的人，你们可以用收取利息的方法复仇。在有发动战争权利的地方，也有发放高利贷的权利。"当阿提拉和布莱达回到他们自己的土地时，他们得到了短期内想要的：一些金子和活动的空间，但是和平并不符合他们的长期利益。他们需要战争，而发生在其他地方的一些事件不久就会给他们带来机会。

在这 10 年之中，灾祸在东罗马与西罗马帝国的几条前线上迫近。埃提乌斯在高卢打得不可开交，他于公元 432 年镇压了法兰克人；然后又打击了爆发于公元 435～437 年的巴高达运动——那是一场一群卑微而无组织的人以他们的森林为基地打的游击战；最后是哥特人，他们在公元 437 年几乎得到纳博讷。公元 439 年，罗马的北非地区的旧都迦太基落入了汪达尔人首领该撒里克的手里。

在经过 40 年的游荡之后，汪达尔人渡过莱茵河，穿过法国和西班牙，越过直布罗陀海峡，占领了今天的利比亚。迦太基连同它的引水沟渠、庙宇和剧院都被彻底摧毁了，入侵者找到了他们的新家园。尽管这里土地肥沃，但地处撒哈拉沙漠和地中海之间仍然让人觉得有些狭窄，于是他们很快学会了一种新技能：造船。迦太基被建在分隔了非洲和西西里的 200 公里长的海峡处，由于这里地处海上交通要道，因此成了海盗的大本营，后来又成为海军基地。公元 440 年，该撒里克准备了一支入侵的舰队在西西里登陆，在做了一些破坏之后来到意大利本土，他的意图怎能没有人知道。东罗马帝国的狄奥多西二世派来一支军队帮助驱赶侵略者，但是已经太迟了，汪达尔人在东罗马帝国的人到来之前已经带着他们的战利品掉头回家了。

填不饱的胃口

阿提拉和布莱达趁机利用了这令人绝望的时刻。在西部，他们有非常好的机会进行劫掠，但是由于他们与埃提乌斯是联盟，后者需要他们的支持来对付那些在高卢不受规矩制约的野蛮人。不少匈奴人帮助他与法兰克人以及巴高达人作战，最令人印象深刻的是与勃艮底人作战。这是一个在30年前几乎是全体渡过了莱茵河的部落，他们剩下的小部分残余成功地抵抗住了匈奴人的攻击。他们在得到罗马相当勉强的同意之下定居在莱茵河中游的罗马帝国境内，并取得了几个城镇，而沃尔姆斯则是他们的首都。在他们的国王巩达哈尔的带领下，他们不停歇地扩张并试图取得更多的土地。

他们于公元435年向西穿越阿登的一次侵袭吸引了埃提乌斯和他的匈奴人雇佣军的注意，这些匈奴人在多年前的那场惨败后也有一笔账要和他们算。尽管没有关于这次袭击的幸存者的详细资料，但这场战争的结果是灾难性的。成千上万的勃艮底人战死，巩达哈尔自己也死在一次屠杀中。

这件事在后来变成了民间传说，特别是在伟大的中世纪史诗《尼伯龙根之歌》以及更晚的瓦格纳写的《指环》中。通过这些传说，民间的记忆制造了这样一种假想：阿提拉本人是勃艮底人的灾难的幕后策划者。但这与事实不符，他待在自己的部落里完全没有插手。但是在这个传说中有一个基本的事实，那就是如果埃提乌斯和匈奴人之间没有默契，那就不会有大屠杀。现在匈奴人们得到了他们的奖励：复仇和战利品。幸存的少数勃艮底人被追赶到西方和南方，他们的名字在部落以及其后的王国消失之后仍在里昂及其葡萄园附近的区域中长久地保存下来。

阿提拉和布莱达已经开始需要得更多了，如果不能从其他蛮族那里得到的话，那么他们就要从东罗马帝国那里得到。他们已经准备好了借口：贡金没有被支付，逃过多瑙河的难民没有被遣返。而且最主要的是，马古斯主教派人过河抢劫了王家陵墓。历史学家普里斯库斯说那些是匈奴人的坟墓，但是匈奴人没有土墩状的墓葬形式；它们一定是古代的坟墓，一直像可以随意采矿的小山一般遭受劫掠。主教应该立刻被移交出来，罗马人必须服从这个指令，否则战争就会爆发。

主教没有被移交，阿提拉和布莱达只得开始行动。公元440年左右，在康斯坦蒂亚的贸易集会上，匈奴人突然攻击了罗马商人与军队，并杀死了一些人。之后，一支匈奴人军队穿过多瑙河，袭击了马古斯东部的近邻费米拉孔，使这个城镇遭受了令人震惊的厄运。没有人记录它为什么会如此不堪一击，但是城镇里的人看起来好像知道什么似的，因为他们的官员早早地就把财宝埋了起来，有超过10万枚金币在20世纪30年代被考古学家发现。匈奴人将幸存者带走并把他们囚禁起来。这个城市被夷为了平地，而且在一个世纪内都没有被重建。

接下来，匈奴人进攻了马古斯。那个盗墓的主教因为害怕被自己的人民绞死便逃出了城，越过了多瑙河，他告诉匈奴人如果他们能够好生对待他的话，他可以安排打开城市的大门。诺言许下了，双方握了手。匈奴人趁着夜色在多瑙河的远岸结集，而主教则劝说守卫为他打开门。匈奴人跟随着他进了城，于是马古斯陷落了。它被付之一炬，此后再也没有被重建。

然后发生了什么我们并不清楚。各种消息来源与解释的不同如此之大，以至于没有人能够肯定到底发生了一场战争还是两场战争，以及究竟持续了多长时间，从2年到5年的各种说法都有，2年到3年看起来最符合实际情况。这里发生的一切都被与汪达尔人入侵西西里和东罗马派遣军队帮助西罗马的事件混淆了起来。贝尔格莱德地区遭到了很大的破坏。无论如何，匈奴人占领了多瑙河北岸的马吉斯及其姊妹城康斯坦蒂亚，并能够控制摩拉瓦河流域，而这条河是通往色雷斯的主干道。另外两座城镇辛吉都姆（即后来的贝尔格莱德)和塞尔曼也相继沦陷，那里的主教交出了一些金碗，而这在一些年之后将成为一场激烈争论的起因。

外交的益处

终于，匈奴人在他们前进的道路上停住了，至于原因，或许是他们家乡出了麻烦事，或许狄奥多西那里迅速送来了黄金，我们不得而知。总之，阿提拉和布莱达撤走了他们的军队，离开了冒着战争硝烟的潘诺尼亚和美西亚的边境。东罗马帝国的军队统帅以及皇帝的朋友阿纳托利乌斯批准了另一个和平条约。

可能是作为这个新条约的一部分，匈奴人得到了另外一项战利品：一个从利比亚来的黑人侏儒泽尔康。他出现在匈奴人的土地上应归功于罗马最伟大的将军之一的阿斯帕尔，他镇守多瑙河前线直到公元431年，然后被派往北非做徒劳的镇压汪达尔人的尝试。他抓到了泽尔康并将他带回了色雷斯。

泽尔康并不是一道吸引人的风景。他拖着畸形的脚蹒跚着，鼻子扁平得看上去就像根本没有一般，只有两个洞在鼻子原来应该在的地方，而且他有些结巴和口齿不清。但他有一种能够把这些缺陷转化为优点的能力，他特别擅长做滑稽的模仿表演，并因此成了一名杰出的宫廷小丑。阿提拉不能忍受他，因此他成了布莱达的财产。布莱达认为泽尔康非常滑稽，这表现在他行动的方式以及他的口齿不清和结巴上。

布莱达把他当作一个怪胎宠物，他给泽尔康一套盔甲并带他一同上战场。然而泽尔康实在无法忍受布莱达对幽默的认知和他的暴虐，最后，他与一些罗马囚犯一起逃跑了。布莱达大发雷霆，他命令派去的人不要管其他的囚犯，只要把泽尔康用链子带回来就行。

泽尔康就这样被抓了回来。一看到他，布莱达便问他为什么要从自己这么一位仁慈的主人身边逃跑。泽尔康用他愚笨的拉丁语和新学会的匈奴语混杂一气做了冗长的道歉，但是他声明主人应该理解他有充足的逃跑理由：他没有妻子。对此，布莱达忍不住大笑起来，他给泽尔康安排了一个可怜的女孩，这个女孩曾经是布莱达王后的婢女。然后，布莱达就这样放过了泽尔康。

之后几年内，多瑙河边境保持了平静，阿提拉已经发现了使用外交手段的益处。正如普里斯库斯的书里所说，阿提拉曾经主动送信给狄奥多西。这封信一定是用希腊语或拉丁语写的，不识字的阿提拉如果没有一个小型秘书机构的话，也至少有一名书记员和翻译。他要求得到那些还没有被遣返的逃亡者以及还没有被支付的贡金。他在土匪一般的威胁上遮盖了外交的假面具。他是个有耐心的人，他希望接待使者来谈条件。他同时也把自己描述成是一个有困难的人，所谓的困难也就是指他的那些不耐烦的酋长们。如果罗马人有一丝拖延的暗示或者君士坦丁堡有准备发动战争的迹象，他无法阻止他的部落。

看来阿提拉的确有一些来自他自己内部的问题。既然和平比战争更加便宜，而使者也比军队更便宜，狄奥多西就派出了一名使者，这是一位叫作塞纳托尔的前任执政官。走陆路显然太过危险，因为色雷斯仍然是那些还没有归附于阿提拉的匈奴人打劫抢掠的地盘，这些匈奴人也就是阿提拉通过与马古斯的条约想要得回的那些“逃亡者”。所以塞纳托尔选择了水路，他逆流而上来到黑海海岸的瓦尔纳，在那里，一支罗马部队为他提供了路途中的护卫队。塞纳托尔按时抵达了目的地，这给阿提拉留下了深刻的印象，他后来将塞纳托尔说成是模范使者，但实际上这位模范使者除了守时和给阿提拉带来良好的个人印象之外，并没能取得多少外交上的成就。

阿提拉可能许诺了一些事，因为他非常喜欢交换使者这个办法。他派遣给使者的任务与外交以及逃亡者无关。这对他的上层臣民来说是一个肥差，也是一个争取时间的好办法。这些外交行动能否达成协议暂且不论，罗马人对阿提拉的使者们总是热情接待却是真的，而且罗马人在接待使者的时候总是伴随着这样的油滑之辞:“我的亲爱的老朋友，见到你我太高兴了！逃犯？贡金？马上会办妥。我们在晚餐上再谈。让我带你们去你们的房间吧。是的，上好的地毯和丝绸，所有的一切都是最好的。来一杯酒吧？你喜欢这杯子？它是你的啦。哦，晚餐之后，还会有跳舞的姑娘们。你们经过长途旅行，这些姑娘是为了恢复像你们这样的伟大武士的精力特别所挑选的！”

在公元5世纪40年代中期这样的事总共发生了4次，每次使者回来时总是满载而归地带回作为外交礼物的饰物和金钱，以至于普里斯库斯用相当沉痛语气写道:“阿提拉将罗马人的这种为了防止条约破裂而谨慎运用的慷慨大方看得非常清楚，于是他总是将他的那些想要得利的扈从派去。”当然，他这话是站在罗马人的立场上说的。

虽然使节来往频繁，但实际上，双方都不会对这种和平抱以太多的信心。这一时期，君士坦丁堡方面非常紧张，这是学者们从公元444年夏天和秋天仓促实施的两部法律上推断出来的。一直以来，罗马帝国的地主们都被要求从佃农中抽调人手来从军，如果拒绝从军，就必须用支付一定的金钱来代替。但无论如何，地主本人是不需要从军的，这是对他们高级职务的额外奖励。

但是现在，新的法律规定，所有人都有义务从军，如果拒绝，就得付罚金。进而，法律规定国家会对所有商人的销售收入征收百分之四的税。很明显，这座城市需要更多的人来充实军队，也需要更多的钱来供给他们。而且，根据狄奥多西的法令中的一条，多瑙河舰队将会被扩充，而沿河的基地也都会得到加强。

在自认为已然做好了充分的准备之后，狄奥多西皇帝的心里实际上已经在盼望麻烦能够早点到来了，他甚至准备好了刺激匈奴人从而让他们开战的借口。他不再打算在这些野蛮人身上浪费金钱了。西方历史上最杰出的研究匈奴人专家之奥托·曼森·黑尔芬一针见血地指出："为了摆脱野蛮人的麻烦，狄奥多西收买了他们。一旦他们回去了，他就将撕毁和平协议。"于是最终，狄奥多西干脆直接切断了金钱的支付。

战斗的秘密

如果说在阿德里安堡战役时期罗马帝国还没把匈奴人放在眼里的话，那么此时，匈奴人已经成了这个拥有悠久历史的古老帝国的心腹之患，他们现在是欧洲大陆上一支无法被忽视的力量，而且他们的战士毫无疑问是所有人当中，包括罗马、哥特人、汪达尔人等当中最英勇善战的。之前的匈奴只是一群无家可归的流浪者，但此时的他们已然真正崛起并且站稳了脚跟。

现在，让我们来研究一下匈奴战士拥有强大战斗力的原因。

弓，这是匈奴战士最重要的武器，同样也是匈奴人取得成功的最关键技术。此时的匈奴弓与他们当年在亚洲叱咤风云时所用的武器是一脉相承的。匈奴人用的弓是不对称的，换句话讲，在系上弦之后它的上半部分比下半部分要长。事实上，这种设计已经存在了几个世纪之久，甚至还向东传播到了日本。

奇怪的是，不对称的结构对弓的力量、射程或者准确度没有任何影响，所以它的出现至今仍然存在争议。或许，下半部分的长度是为了方便操作而缩短的，当你从马脖子上拿过弓向右发射时确实是这样（当然，也有少数高手可以用左手射击）；或许，这样的弓使跪下射箭更容易一点。但什么时候需要跪下射箭呢？一位非常有名的研究弓箭的专家考绍伊认为，这种弓的形状与匈奴人的帐篷非常相似，甚至是非常重要的神明也就是高高在上的天神的象征。

但是，他的说法并没有获得太多的认同。更多的人认为这种设计与传统性有关，因为普通事物中的一些细节常常会包含某些偶然出现的或者为了微不足道的理由而出现的因素，然后就一直留存了下来，因为它们已经变成了传统，而且也没有充分的理由要改变它们。匈奴人的弓之所以不对称或许是因为它们最早只是从树上砍下来的木条，而这些木条总是不对称的多。那个时代的弓就已经这样了，后来也就没有再做改变的必要。或许，如果你斗胆问阿提拉为什么匈奴人的弓总是顶部较大，他会通过他的翻译告诉你:“这就是我们匈奴人制作弓的方法。”

除了不对称之外，匈奴人的弓还有两个与众不同之处以及一种相当重要的设计。首先，它们更大，它们向后弯时声音也更响；而且最关键的是，它们的尺寸和外形给予了它们更强的力量。

这种设计随着大草原上战争环境的变化而演变。斯基泰人的小弓可以从公元前 2000 年一直很好地被利用到公元前 3 世纪，那时斯基泰人的东部邻居萨尔马提亚人发展出了抵御斯基泰箭的防御方法。他们让他们的武士和马匹披上盔甲并教他们近身作战，要对付这样的防御，可以有许多种方法，比如剑、长矛、标枪和重骑兵。但是最有效也最直接的方法就是制造出可以发射能穿透铠甲的箭的弓，后来他们找到了答案，答案就是匈奴人从东方带来的弓。

后世的考古学家从匈奴人的墓葬中发掘出了一把边角上带有“翼”的弓。这些长约 3 厘米的“翼”朝射手相反方向弯曲。固定住弓弦的正是这种“翼”，而不是弓身的木制框架。这些“翼”为弓的弱端提供了木材本身无法企及的硬度，就像指甲能做手指不能做的事一样。同时，它们也将弓的长度增加了关键的一小部分，依照杠杆原理，这额外的长度能够增加发射箭矢的强度。

这使得射手能用更少的力气拉开一张更重的弓，因为这弯曲的耳朵扮演了一个类似大直径滑轮的角色。当射手拉弓时，“耳朵”展开，就有效地增加了弓弦的长度；当发射时，“耳朵”再次卷起来，又有效地缩短了弓弦的长度，这样的好处是不需要更大的弓和更长距离的拉动就可以增加箭的加速度。这种发明预示着现代复合弓的滑轮系统的出现。它实际上给予了匈奴人射手更长的手臂，让他能够将箭射得更有穿透力，射得更远，虽然增加的距离只有几米，但正是这关键的几米，让匈奴人在敌方弓箭的射程之外就发动致命的攻击。

这个漂亮而又复杂的装置有另外一个优点。制作这样一把弓要求工匠拥有极其高超的专业技术，甚至可以说，制造这种弓的手艺是一门艺术。任何一种内弯弓都需要一年或者一年以上才能制成，但除此之外，匈奴人的制弓匠还得是一名切割和运用边角“耳朵”的专家。每一张弓都是一件杰作，没有其他群体有制作出与匈奴匹敌的弓的技艺。

然而，一张好弓只是匈奴人取得霸权的一个因素。它对单枪匹马的武士或小群袭击者来说是致命的，但对一个正在前进中的游牧部落来说，小规模的胜利比没有胜利好不到哪儿去，匈奴人更需要变成一架无可抵挡的破坏机器。

实际上，游牧的生活方式也是他们的优势之一，这给了他们常年作战的能力，而不像一般的军队那样冬天扎营、夏天打仗。冻土和冻住的河流成为了强壮的人和健硕的马的通途。

他们的另一项主要优势是学会了作为一个整体进行大规模作战。他们在野外徘徊或在向西方迁徙的过程中开发出了适合他们新武器的战术。如果说斯基泰人能像风一般攻击的话，那匈奴人已经学会了如何像旋风一般进行攻击。

匈奴人是这样发动攻击的：当一支骑马的匈奴军队面对一支武装精

良的骑兵部队，无论是萨尔马提亚人、哥特人还是罗马人都不重要，因为他们都有一个相同之处：披着同样的铠甲，大多是用皮革、骨头或青铜做的，不仅人披甲，他们的马也同样被铠甲保护了起来；匈奴人则一般都是轻装上阵，他们几乎没有任何盔甲，但却有速度和火力。他们每人都有一把弓、一箭袋 60 支箭以及挂在腰间的一柄剑。尽管他们可以不用马鞍骑马，但他们有马鞍，而且此时的他们还有了用皮草或绳索做的马镫（当年冒顿单于叱咤风云的时候可是没有这玩意儿的）。最前线的匈奴人由两支部队组成，每一支大约有 1000 人，在他们之后的是几辆马车组成的补给车队，这些车子里装着剩余的几百张弓以及 10 万支以上的箭。

战斗打响了，号手们吹响了冲锋号，马匹开始向前狂奔。两支匈奴部队在敌人的射程之外，距离他们大约 500 米。他们形成了两个巨大的密集队形，如同正在聚集的风暴般朝着相反的方向环绕着，除了马蹄踏在草地上的沉闷撞击声之外没有其他任何声音。他们此时还没有发动攻击，他们在等待进攻的号角。

等到另一声号响起，每一个匈奴士兵都娴熟地从箭袋里抽出 6 支、7 支甚至 9 支箭，然后把它们放在持弓的手上，将它们抵着弓的外沿握紧。此时，匈奴骑士们与敌人的距离更加接近了，但他们仍然在等待着时机。

最终，攻击的指令发出了。处在每一个环绕的密集队形最外线的武士们开始离群狂奔，朝着防御者静止不动的战线冲去，其他人也紧跟着蜂拥而上。两支军队的距离逐渐缩短：400 米，300 米，而这时离最后的战斗指令发出才不到半分钟。现在，两支匈奴部队进入了完全的冲刺状态，时速达到了每小时 30～40 公里。

当他们到达距敌方阵线 200 米时，一阵箭雨从敌阵中飞出，但是因为距离太远，而且箭都是随机漫射的，因此大部分都浪费了。到了距离 150 米时，跑在最前面的几百名匈奴人向前射击，目标集中在敌阵中 100 米左右的狭窄区域。在这个射程，他们将箭对准了最前面的那些人的头部稍上方。加上奔跑的冲力的话，箭的飞行速度可达到每小时 200 公里以上，而且这些箭都有着被锉得如针一般尖利的三棱铁尖头，它的穿透力与子弹不相上下。当到达 100 米距离时，领头的人已经又搭上了箭。

他们的马变换方向保持与敌人的阵线平行奔跑，射手们在马鞍上转过身来从侧面攻击。此时，他们的箭几乎是平直地飞出去的，接着他们再搭箭，再射击，然后再重复这几个动作。一切都发生在几秒钟之内，而在他们身后的大部队也朝不幸的敌军士兵们发射了箭雨。在 5 秒钟之内，1000 支箭可以击中 200 名敌人，在下一个 5 秒钟还有另外 1000 支。这也就是每分钟 1.2 万支箭的频率，相当于 10 架火力全开的机关枪。

此后，在与敌阵接近到 100 米之内后，领头的人再次转向，朝着与敌人相反的方向奔跑。但与此同时他们仍然在射击，每人发射一两支箭，瞄准的都是他们身后的敌人脑袋上方偏低处。

当再次返回时，他们从箭袋中又抓起一把箭，捏在左手。这能使他们感觉到这些箭的凹口在哪里，将它们排成正确的队列，然后绕到队伍的最后方。旋风现在正全力旋转着，100 名骑手在外圈，另外 9 排骑手在里面，所有人都希望处于领先位置，所有人都围绕着一个 400 米直径的静止的核心旋转。这个旋风正如被太阳烤焦的大草原上吸着沙尘的尘暴旋风那样。

至于敌方，第一波进攻使得敌人像割草机下的草一般被齐齐切倒。45 秒钟，这对于要奔跑 400 米的马来说是一段很缓慢的时间，在这期间，5000 支箭射中了 200 名敌人，大约每 25 支箭射中一人。当然大多数箭都会射偏，但是他们必须在敌人的盾牌之间，或者胸甲上方，或者头盔上的眼洞中找到缝隙，或者，他们要可以直接射穿盾牌和铁甲。在敌阵中，士兵们从后面上来顶替倒下的同伴，但他们也前赴后继地倒了下来。

让我们将这种场面放置到更广阔的背景中加以比较，没有士兵曾经见过这种程度的火力。法国人在“百年战争”中被敌对的英格兰长弓手射成了刺猬，在这之前他们从未见过这种战法，而且长弓手是静止不动的，缺少匈奴人骑射手最看重的灵活性。直到 19 世纪后半叶连发枪诞生之前，没有任何一支军队能够有这样的速度和火力的密集程度。即使到了后来，第一批来复枪手也不能与匈奴的弓箭手们相提并论。要知道，一名弓箭手必须从小就学习技艺和技能，这是无价的优势；而一名来复枪手只被训练了几天就可以上战场了，所以他们也很容易被人取代。

事情还没有完，绕成圈的十列骑兵中最外圈的武士们从后方的补给马车上抓过箭。在10分钟之内，他们会将另外5万支箭发射到前方100米处。现在，想象一下，这只是两支相反方向旋转的部队中的一支。这两支部队中的一支在左侧用右手发射，而另一支则相反。在他们之间，是处于他们射程之内的200米长的战线。对方的阵中只要一个人倒下出现一个缺口，箭雨就会蜂拥而入，而防御的堤坝也会立刻土崩瓦解。

当然，有些敌人懂得更好地地保护自己。波斯人、萨尔马提亚人、哥特人和罗马人都有穿盔甲的骑兵以及拿着盾牌、长矛与标枪的披甲步兵，后方还有弹射器的支援。要击溃如此装甲精良的军队必须要有其他的方法。因此，匈奴人也发明了其他的战术，其中最特别的是佯装撤退，如果幸运的话，他们可以把敌军引到足够远的地方使对方坚固的防线出现漏洞，这么一来，匈奴人就能够冲进敌阵中拔出利剑对敌军士兵大肆屠杀。

匈奴战士的武器当然并不只有弓箭和剑。在短兵相接时，他们也会使用游牧者的天然武器——套马索。这并非凭空捏造，当时的人就有这样的记载，历史学家阿米亚努斯这样写道："当敌人防御来自剑的伤害时，匈奴人就把用织物编成的套索扔向敌人，使他们被缠住，四肢不能动弹，无法骑马和走路。"

所有这一切都使得匈奴人在空间宽阔的地带进行战斗时拥有无与伦比的优势。当他们遇到萨尔马提亚人、阿兰人和哥特人等更为固定的群体时，这种技术在大草原上更是产生了惊人的效果。到了阿提拉降生的时候，匈奴人已经拥有了匈牙利东部草原，但没有再征服更多的草原。建立在畜牧主义、马术、快速移动和简单的生活方式基础上的领土面积已经达到极限。现在，匈奴人将要面对森林、山峦和城市，而且不久将会面对一些战略和战术上的问题，对于这些问题，他们现在还毫无准备。

第四章

阿提拉的统治

匈奴人崛起了，他们拥有了属于自己的领土和国家，而阿提拉杀死了自己的兄弟布莱达，成了匈奴人唯一的领袖，让整个国家只属于他自己。在阿提拉的统治之下，匈奴王国更加强盛，而且他们也懂得了更多与罗马人打交道的方法……

唯一领袖

前面讲到，狄奥多西皇帝在增强了军事实力之后切断了对匈奴人的金钱供应，而与之相对的是，阿提拉决定诉诸武力。他在当时已经有了足够强大的军事能力，而且打造出了属于自己的精英集团，不然的话，他是无法夺取最高权力的。这些人中包括他的副手奥内格修斯、奥内格修斯的兄弟斯考塔斯，以及他的一些亲属包括他的两个叔叔——艾巴尔斯和劳达里克；此外还有埃迪卡，他是北方的一个邻近部落斯基里安人的首领，现在是阿提拉的同盟，他麾下的步兵构成了匈奴步兵部队的核心。

实际上，这些人归附于阿提拉并不是因为他的残暴，而是因为他是个能够最好地为他们的利益和匈奴人整体利益服务的人。这些上层精英组成了一个实质性的团体。后世的历史学家为他们是被视为地方统治者、警察、贡赋征收者、祭司、贵族还是外交官而争论不休，事实上，他们每个人都很可能身兼数职。正如曼森·黑尔芬所总结的那样："没有证据显示这些匈奴的杰出人物除了杰出之外还有什么共同之处。"这有些像匈奴人的党卫军，如果你把阿提拉视作希特勒的话。

至于其他匈奴人，他们是一个部落或一个种族，再分成氏族，然后在氏族之间形成一种等级关系，这些关系由以下几个层面组成：最底层的奴隶、由牧民等构成的平民、贵族，贵族分为天生的和依靠能力取得的两种。位于最上层的是一位名叫阿提拉的领袖，这位领袖现在已经准备好了进行一次政变。

这是一场突然、迅速和血腥的政变，其结果是布莱达从此在历史中消失了。阿提拉取得了所有匈奴领土的统治权，这是一个从黑海一直到布达佩斯横跨 800 公里、纵深 400 公里的王国。暴动的过程可能相当短暂，因为没有任何证据显示匈奴内部爆发了一场战斗。阿提拉有足够的理由宽恕一个人，这个人就是布莱达的王后，在政变之后，她无忧无虑地住在了胜利者从他死去兄弟手中夺来的指挥部附近。

多亏了一些匈牙利火鸡，我们能推断出一些物品的流入以及阿提拉杀害兄弟行为造成的短暂的恐慌。这个故事发生在塞格德东北 18 公里处的一个小镇外。这个镇的名字很难读，因为这符合匈牙利语言学的第一定律，那就是越是小的镇，名字的发音就越难为外国人。这个镇的名字是侯霍德莫扎瓦赫利，发出这一系列音节对匈牙利人来说根本算不了什么，它的意思是“海狸地市场”。这整块低地地区曾经频繁地被附近的蒂萨河淹没，因而一些小湖里会有海狸繁衍生息。

1963 年，一名叫约佐·伊丽莎白的女人在看管她的火鸡时看见它们从地上刨出了一些闪光的东西。她弯下腰，往深里挖了挖，找到了一大批金币，准确地说有1440枚，总共重64千克。她的儿子精明地拿了其中一枚到布达佩斯的国家博物馆准备卖掉它。他们给了他1500福林，相当于他两个月的薪水。第二天，他又带着另外两枚金币来了。这个时候，博物馆馆长意识到金币绝不是这小伙子偶然捡到的，他手里还有更多。于是，博物馆赶忙派人去约佐夫人家处理这批宝贵的文物，戴着头巾的约佐夫人和那个浅坑的照片被拍了下来。这张照片至今仍在塞格德博物馆里，而这个家庭也因为得到7万福林而变得富有，这足够他们买两栋房子了。

约佐一家挖到的这些金币是拜占庭皇帝狄奥多西二世铸造的，它们中的很大一部分都铸于公元443年，正好是阿提拉和布莱达开始派他们的使者前往君士坦丁堡的时候。这样的发现引起了历史学家们的无限遐想。为什么会有人将金币埋在地下，却没有其他的物品？人们得出了一个可能的假想：阿提拉刚采取行动，布莱达便死了。但布莱达有自己的上层精英集团，他们中的大多数也死了，但是终究会有一个“漏网之鱼”。

这个逃脱的心腹认为如果能逃过多瑙河对岸生存的机会会比较大一些，于是他带着他那份最近从君士坦丁堡得来的贡金朝南而去。但是突然间，他看到有骑手出现在四周，他被包围了。如果他连同这笔钱一同被抓的话，他没有活命的机会。于是他迅速将金币埋了起来，然后乔装成农民藏了起来，希望就此消失于旷野中，直到事情平息下来，他就可以取回战利品并在其他地方过更好的生活。可惜的是，这个人最终并没能逃脱追捕，因为他没有回来挖宝藏，于是这个秘藏就此躺在那儿1500年之久，直到被约佐夫人的火鸡挖了出来。

像领袖们常做的那样，阿提拉通过重写历史来增强他与生俱来的自信心，并以此来支持自己取得的权力。他通过利用古代崇拜剑的祭祀仪式来达到这种目的。许多部落都崇拜剑并且习惯于以剑的名义起誓，他们有时会将一把特别的剑视作神圣支持的象征。阿瓦尔人和保加尔人都有崇拜剑的仪式，匈奴人也是如此。阿提拉掌权后不久，也创造了自己的祭剑仪式。这件事后来传到普里斯库斯耳中，而他是我们得知阿提拉统治细节的主要来源。他的作品虽然部分失传了，但是这些作品的片段却作为二手材料通过一个世纪后的哥特历史学家约尔达内斯保留了下来。

下面这个故事就说明了这种仪式是如何被重新发现的，根据这个故事的说法，它是经过阿提拉的批准的：

一个牧人见到他的一头小母牛跛着脚走路，而伤口的形成又难以解释，于是他急切地沿着血迹寻找，最后找到了一柄剑，那头母牛正是在吃草时无意中踩在这柄剑上而受伤的。他把这柄剑挖出来，直接交给了阿提拉。阿提拉对这个礼物感到非常欣喜，同时作为一个有胆识的人，他判定自己已经被指定为整个世界的统治者，由于这柄神剑的缘故，他已经被授予了赢得战争的力量。

阿提拉既有力量又有对狄奥多西的帝国发动战争的动机。他在这个时刻所需要做的就是稳定自己在众多部族当中的威信，然后带着匈奴战士出征。

当时，他面对着来自一个叫作阿卡提里的部落（或部族）的威胁。简而言之，这个部落可能是住在黑海沿岸靠近顿河的某个地方的草原居民。一些麻烦正在那里酝酿，这最终会被一名通过机敏无耻和阿谀谄媚而保持独立的阿卡提里部落的首领挑破。阿提拉给他一些黄金并邀请他来访，他怀疑这是一个陷阱，便写信给阿提拉，称正如一个人无法正视太阳一般，他也无法正视一位神（同时，这也是阿提拉正在被逐渐视作为上天所选中的征服者的一个小证据），因而可能无法前来。阿提拉君心大悦，决定控制而不是征服那里，于是派了他的长子埃拉克到那里去维护匈奴人的统治。

和平的使者

就在此时，埃提乌斯来了，他亲自从罗马前来再次商谈双方的和平协议。实际上，没有人记录下关于他的这次拜访，人们是从一位杰出的高卢诗人西多尼乌斯的拉丁文诗篇中推断出来的。这位诗人的作品也成为人民了解这一阶段历史的重要资料来源。西多尼乌斯在诗中对埃提乌斯推崇备至，这可能是为了纪念他的开始于公元 447 年的第三任执政官任期而写的。他的诗中有一句是这样说的:“他从多瑙河带回了和平,替顿河除去了戾气。”

埃提乌斯是从事这项工作的首要人选,他确信他的老朋友会热情欢迎自己。阿提拉和埃提乌斯在孩童时期可能并没有见过彼此,因为埃提乌斯比阿提拉年长 10 岁左右。但这一次,他们肯定能相见,而且必定都能从对方身上看到与自己相匹敌的领袖气质。他们能够一起商谈协议,并为彼此的利益服务。

这可能是自阿提拉取得唯一领袖地位以来第一位来自外界的高官来到他的指挥部。现在是考虑他住在哪儿,以及了解他如何生活和他长什么样的好机会。

首先来看看饱受争议的阿提拉的指挥部的位置。历史学家推断阿提拉的指挥部位于蒂萨河的西面,因为他需要军队在需要的时候可以迅速接近西方与南方,而且蒂萨河在春季会泛滥出几公里,为了避开这个障碍他只能将基地安在河的西面。

但这里没有军营,只是一个普通的小镇,大部分都是木头建筑,其中的一些带有石头地基,只有一座建筑完全是石头建造的。从现代标准看来,这里并没有什么特别之处,但它依然是阿提拉帝国扩张的表现。因为在这个地区没有树也没有采石场,所以每一根木头和每一块石头都要通过陆路和水路运送来。尽管一大批学者都在论证一种可能性,那就是这座村庄是一座堡垒,它被木栅栏所围绕。而事实上村子里也的确有木栅栏,它们围绕着几座木屋,比如其中的一座属于阿提拉的副手奥内格修斯的；另一座是属于他的王后爱瑞康的。但是这些建筑都没有军事用途，因为它们没有防御设施，只是用来显示地位的。而且在这些围栏之间有足够的空间供他们搭帐篷。

我们可以在今天的蒙古国看到一些类似的村庄，它们都是在人们放弃畜牧而进入农业生活过程中所建的。在北方，对于那些想要建木房子的人来说，从西伯利亚绵延而来的山峦和森林会使他们感到相当便利。这是用云杉和松木板搭成的村庄，为防止小偷进入，单层的房子被搭建在被围栏圈起来的地方，按照蜘蛛网的格局分布，这种格局偶尔会被圆毡帐篷以及拴在摩托车旁的马匹打断。甚至在戈壁滩上，当你行驶在无边无垠的沙砾平原上，都可以看到地平线上的微光，那是一个小镇，当地的行政中心。那里的房子基本上是用砖头和水泥建的，那里还会有一条电话线以及竖成奇怪角度的电线杆，但他们也有同样的木板搭建物。如果草原游牧民族必须要定居下来的话，那这就是他们定居的状况。这些村庄实际上就是匈奴式的村落。

埃提乌斯对阿提拉新宫殿的第一印象一定和普里斯库斯对阿提拉大本营的详细记述差不多，以下细节来自约尔达内斯的记述："用光滑刨平的木板建成的木墙，这些木板的连接处都经过刻意的加工，使它们仿佛连成一体，以至于凑近了仔细看也很难找出接口所在。一个被如此范围宽广的围墙圈起来的院子，其规模说明了它就是王宫。"这是一座刻意要令人印象深刻的建筑，不仅是由于它的面积，更因为它的手工精良。手艺高超的木工可能是被俘虏的哥特人或勃艮底人的工作，这两种人都有建造木制建筑物的传统。

而对于阿提拉本人，普里斯库斯是这样描述他的，这也是历史上对于阿提拉的形象最直接也最详细的记述：

> 他是一个生来就要震动世间各族的人，他对所有国度都是一个巨大的恐怖，但我知道他注定不会像那些吓人的报告所散布的关于他的传言那样使每个人都感到恐惧。他的步伐高傲，他的目光四处扫视，他的力量和傲慢在举手投足之中显露无遗。是的，他是个战争狂人，但是他知道如何约束自己。他在会议中表现杰出，他对恳求者怜悯，对得到他保护的人亲切和蔼。他身材矮小，胸膛宽阔，有一颗硕大的脑袋，眼睛很小，稀疏的胡须略带灰色，有一个狮子鼻，有着与他祖先同样令人厌恶的肤色。他的本性就是他总是抱有极大的自信心。

最终，经过与这位新国王的成功交涉，埃提乌斯适时地从多瑙河带着协议返回了罗马，并派他的儿子卡皮利奥确认了新的盟约。卡皮利奥可能属于第二个使团，也可能如埃提乌斯年轻时那样是一名人质。这件事在 100 年后也就是在公元 6 世纪上半叶，被写过一部哥特人历史的历史学家卡西奥多罗斯在一封信中加以确认。在信中，他描述了他的祖父与卡皮利奥一同被派到阿提拉那里的情形。他们也就成了在阿提拉成为唯一统治者之后见到的第二批来自外界的人。自然，卡西奥多罗斯总喜欢将祖父描写得非常出色，而把匈奴人描写得邪恶无比，但是他的叙述从侧面支持了普里斯库斯的观点。卡西奥多罗斯这样描写他的祖父：

> 他勇敢地注视着这个使整个帝国都为之战栗的人。他清醒的意志力使他保持着镇静，他蔑视那些可怕而又愤怒地瞪视着他的人。他毫不犹豫地与一个人互相大肆辱骂，此人被狂暴驱使，仿佛要去夺取整个世界的统治权。他发现国王傲慢无礼，但他使国王冷静下来，然后巧妙地指出尽管匈奴人的兴趣在于同世界上最富庶的帝国争吵，但他仍然屈尊来寻求使其受惠，从而驳倒了国王的毁谤之词。因此，他带回了人们已经不抱任何希望的和平。

卡西奥多罗斯和普里斯库斯一起给我们呈现出了一副丑陋的、极端自相矛盾的小人形像，阿提拉的脾气阴晴不定同时也是假装愠怒的老手，他对每个人都存疑心，除了他最信任的副官之外。他常常会很残忍，像一名不带拳套的拳手一般粗暴。他杀人，甚至还亲手杀了自己的亲兄弟。我们不可能知道他的感受究竟如何，也不可能猜测他下一步将要做什么。希特勒也有这种令即使是最心腹的副手也坐立不安的才能，这完全是他们的反复无常造成的。

像他们一样，阿提拉而且只有阿提拉才掌握着胜利的秘密，甚至连他自己也不能说出这秘密究竟是什么。他领袖才能的奥秘部分来自于他的自信，部分来自于他的严厉，还有部分来自于他的慷慨大方，在这种慷慨之下，他所宠幸的人以及受敬重的客人都如同在太阳底下一般感到温暖舒适。或许他还有一种能够熔化石头的微笑。当他在场时，人们会感到一种崭新的、神性的超凡魅力，以及那种神圣天赋的力量，这种力量能将一个普通人转变为一名领袖。

望而生畏的高墙

虽然埃提乌斯的拜访起到了一些效果，但实际上，类似的和平协议对于罗马帝国和匈奴人来说，都不是他们想要的。尤其是匈奴，他们是一个极具侵略性的民族，如果阿提拉因为埃提乌斯的拜访就彻底失去了野心，那么他就不配称为匈奴人的王。为了维持权力，阿提拉必须掌握主动。因此，公元 447 年他重新踏上了征途。他的目标有三个：第一，取得尽量多的战利品，而且越快越好；第二，保证他今后还能这么做；第三，同时避免让东罗马帝国得到任何报复的机会。这意味着他要占领多瑙河边境地区，接管这条河连同它的舰队，并占领那些被当作帝国前哨的城市。

以前当匈奴人还在巩固时期时，他们尽量避免增加领地。但是在阿提拉时期，极速扩张的领土才能满足他日益膨胀的野心。这是第一次，阿提拉开始寻求领土，开始迈向帝国般的辉煌。

关于公元 447 年的战争细节，历史上并没留下太多的记载。但有两件事可以肯定：匈奴人到达了君士坦丁堡，但是无法攻克它；还有，他们摧毁了巴尔干半岛的许多城市。事件究竟是如何展开的并未被记录下来，因此很多事情人们只能自己推测。

我们先来考虑阿提拉所遇到的问题。他能前进到任何他想去的地方，但是这场战争的目的又是什么呢？肯定不是简单地破坏和掳掠已经损毁殆尽的乡村。财富在城镇里，而且这样的城镇有好几个，但是其都有很好的防御，有着使得骑射手无用武之地的厚高结实的城墙。游牧民要夺取城市唯有一种方法，那就是彻底地将其包围，使他们因为断粮而不得不投降，而这也需要对方没有重装援军到来这样一个前提。这意味着他们需要打一场历时几个月的围困战，在这期间，饥饿的军队会因为缺少战利品而变得更加焦躁。

对他们来说什么是最好的奖励，是君士坦丁堡吗？阿提拉从没有如此深入过南方，但是他应该知道如果到达那里，会有什么在等待他。这真是一场伟大的进军。从匈牙利平原顺着蒂萨河南行 160 公里来到贝尔格莱德，然后溯摩拉瓦河而下 180 公里来到防卫精良的耐苏城，在走完最后 160 公里的行程之后，就完成了总共 840 公里的行军路途，面前就是君士坦丁堡完全无法攻破的城墙。

这座城市当时被安泰米乌斯修建于公元413年的新的狄奥多西城墙所保护着。这座城墙一直屹立到今天，赤褐色的砖墙在平原上赫然耸立。它们现在已经被侵蚀风化了不少，但是在公元445年它们还是世界奇迹之一。这堵城墙从河岸到海边总长5公里，它的地基上排列着经过砍凿的石块，堆积起来像是一座楼梯。攻击者首先要面对的是一条20米宽、10米深、由水闸所分隔的护城河，它每一个分隔部分都有自己的管道，这条管道可以用来向河里注水也可以供防御者取水。接下来是大约20米宽的胸墙，墙后面有士兵把守着，就算这些障碍被清除了，入侵者还将会面对外墙，它大约10米高，沿着顶部有一条道路，并且这条道路上还伫立着几个警戒塔。在这堵外墙后面还有另一堵15米宽的胸墙，最后才是内墙，它有20米高，顶部之宽足够供士兵进行阅兵式。在它的整个城墙上，每隔50米就有一座塔楼。它20扇大门中的每一扇都带有吊桥，这些吊桥在遭到围攻时可以及时拉起来。

如果事实和数据还不够令人印象深刻的话，那就来听听马萨诸塞州阿默斯特学院的美国历史学教授并且一度专攻君士坦丁堡历史的埃德温·格罗夫纳先生在1895年对这座城市发出的敬畏之言吧：

在加农炮还不为人们所知的时代，最大胆的指挥官和最强大的军队在见到这堵巨大的建筑物时都会后退。护城河在它陡峭的石头外壳之下伸展，像是一条宽阔、深邃而且没有桥的河。即使在它被穿越，它平滑、高耸的石墙被攀登上之后，伫立在侵略者面前的还有令人敬畏的外墙和塔楼，它们被占据胸墙有利地形的士兵方阵所保卫着。而且即使这些堡垒都被攻陷了，它们的防御者还可以退回到城内，那里耸立着傲视云梯和攻城锤的坚固无比、威慑人心的内墙。沿着开了洞眼的内墙顶端，被围困的人们可以悠闲漫步，并且嘲笑讥讽那些直到目前为止还算成功，但现在已经被阻止的敌人所展开的无力的进攻。

事实上，在土耳其人于1453年攻取这个城市之前，没有敌军能够突破这道屏障，而土耳其人之所以成功也是因为他们配置了一种8.5米口径的射石炮，这种炮由60头牛拖运，并且可以抛射出半吨重的石球到一公里以外的地方。阿提拉并不傻，他绝不会让自己的士兵去尝试进攻这样的城墙，这是飞蛾扑火。

作战方式的改变

阿提拉没有机会攻克君士坦丁堡的城墙，但是他的运气很好，于是他得到了一个能够轻松获胜的机会。这看起来就像是一个上天赐予的机遇，因为在公元447年1月底，这座城市遭受了一场严重的地震，城墙破损严重。皇帝集中了一万人，领着他们顺从上帝的意志，赤脚穿过满是碎石的街道进行了一次特殊的祈祷仪式。但是没有艰苦而又迅速的劳作，他们就无法从野蛮人的威胁中解脱出来。这项工作由禁卫军长官赛勒斯接手，他是一位诗人、哲学家、艺术爱好者和建筑师，他已经承担了自君士坦丁时代以来比任何人都要多的建筑工作。

这应该是阿提拉进攻君士坦丁堡的最好时机。历史上有人这样记载：一听到地震的消息，阿提拉就匆忙集合了他的军队，领着他们进行了一场艰苦的行军，穿过巴尔干半岛前往君士坦丁堡。如果这一记载属实的话，那这座城市可能在当他接近时就已经完全陷入了恐慌之中。人们还有另外一条线索。塞琉古是一名住在卡尔西顿附近的修士，他从君士坦丁堡穿过赫勒斯滂海峡而来，20年后他回忆起了当时的恐怖情景：

> 在色雷斯的野蛮的匈奴人，他们变得如此强大以至于竟然占领了100座城市，而且给君士坦丁堡带来了极大的恐惧，许多人已经逃离了这座城市，甚至连修女都想要逃往耶路撒冷。那里的杀戮数不胜数，血流成河，没有人知道有多少死者。他们抢劫教堂和修道院，屠杀修士和修女。他们肆意破坏，使得色雷斯永远无法再恢复生息。

根据公元5世纪叙利亚一位作家的说法，这座城市只是因为在那即将来到的入侵者中发生的一场瘟疫才得以保存下来。在对这座城市致辞时，他这样说道:“通过灾病，上帝征服了这些残酷的人，而这些人正威胁要来征服你。”实际上，他反复强调了这一点:“在疾病的磐石前，他们跌倒了。上帝用病疫的柔软棍子沉重打击了这些强悍的人。这些不信神的人们拉开弓把箭搭上弦，接着，疾病突然袭击了这支军队并将它抛到了荒野。”这种措辞相当含糊，但或许具有重要意义的是，它没有提到一场攻城战，当然也没有提到围城的机械装置。

君士坦丁堡的人们并不会坐以待毙或是干脆等着上帝来惩罚这群野蛮人，他们以两倍快的速度迅速修葺城墙。格罗夫纳在 19 世纪 80 年代出版的一部书中赞扬了禁卫军长官的成就:“赛勒斯在 60 天之内就将一段段残垣断壁连接在了一起，就连雅典娜本人也无法在如此短的时间内建成这么稳固的一座堡垒。”

就这样，阿提拉将要遇见的不是被毁坏的城墙上诱人的缺口，而是整座已经修复了的不可攻破的庞大建筑。结果，这次征途又成了一次徒劳无功的旅程。

然而他还能从一个已经被执行的决定中得到一丝安慰，现在他要将这个决定贯彻到底。那就是采取一整套新的作战方法。这种新方法与匈奴人过去的游牧战争的手段基本上没有相近之处。

关于公元 447 年巴尔干战争的最生动的记录是普里斯库斯关于耐苏围困战的描述。在普里斯库斯的描述中，匈奴人不是城市居民，他们并不擅长围攻战。但是在前几年中，他们已经从东部和西部的罗马敌人那里学会了许多东西，而现在他们将自己的研究成果和新的发现很好地利用在了大规模、机械化的进攻当中。耐苏城紧靠现在被称作尼萨瓦的一条河流旁。匈奴人决定建一座桥渡过那条河，这座桥不是寻常的那种设计，而是一种在船上铺木板迅速建成的浮桥。渡过河的有“架在轮子上的横梁”，这是一种类似攻城塔的东西，可能是一根被固定在四轮架子上的树干。

通过普里斯库斯提供给细节，我们可以猜测出它们是如何运作的。在架子之上是一个被柳条编织物和生牛皮搭的掩体保护起来的平台，这些掩体足够厚重能挡住箭矢、长矛、石块，而且透过上面的口子攻击者还能进行攻击；平台上装载 4 名全副武装的士兵；平台下面，被很好地保护起来的 4 个到 8 个人在推着轮子，他们后面应该还有第三组人，他们用一根长长的操纵杆控制这个装置。这样的攻城塔有很多，当它们抵达位置后能够放出一阵箭雨令防御者逃离城墙。

但是这些塔还没有高到可以够到城墙的地步，达不到经典的攻城塔那样的标准，经典的攻城塔包括马其顿人菲利普在公元前 340 年试图夺取拜占庭时所使用的“城市攻取者”，或其他被认为高达 50 米的攻城塔。而且在这里，吊桥也没有被提到，如果攻击进行下去的话，那吊桥将会是致命的装置，这种装置自从 800 年前亚历山大大帝时就已经被应用于攻城塔中。匈奴人现在正在学习，但是还有一段路要走。

现在，匈奴人将他们的下一种攻城装置开到了战场上。铁尖头攻城锤悬挂在链子上，链子系在四根像金字塔的四条边一般搭在一起的柱子的交汇点上。这些东西的旁边也都被柳条和皮甲遮掩起来，以保护那些用绳索推动锤子的人。

普里斯库斯说它们是非常巨大的机械。它们的确需要被制造得很大，因为它们的工作不仅是要摧毁城门，而且还要击垮城墙。防御者退回到城墙内，他们一直在等待侵略者撞击城墙的时刻到来，那时，他们会扔下马车般大的石头，这种石头能够像用大锤敲打乌龟一般击碎一架撞锤。但是城垛内会存储多少像这样巨大的石头呢？有多少人会冒着箭雨去抛掷这些石头呢？要取得胜利需要多少攻城塔和多少攻城锤？每种都需要20架，30架，还是50架？普里斯库斯没有给出详细数据。无论实际数字如何，这些战术都需要大量的时间、精力、专业技术和经验的投入，以及木匠和铁匠不分昼夜的工作，更需要几个月的时间来准备马匹和承载装备的工具。

在当时，阿提拉的军队在召集能力上还无法与罗马和君士坦丁堡相匹敌，但这支军队对耐苏城来说已经足够强大了。城墙上的守军被接连不断的箭雨肃清，攻城锤不断地侵蚀城墙，匈奴人通过云梯完成了进攻，这座城市沦陷了。

耐苏城被毁灭了。当普里斯库斯两年后经过这里时，屠杀留下的遗骸仍被丢弃在河岸上，旅馆几乎空无一人……幸运的是，那里至少还有旅馆，还有人。由此可见，毁灭从来不是绝对的，总会有幸存者留下来做重建的工作。

我们怎样才能把这些事联系在一起呢？一些历史学家设想阿提拉是

一个城市接一个城市地攻城拔寨，直逼君士坦丁堡。如果是这样的话，那些对攻取城市来说至关重要的围城机械怎么办呢？实际上，它们还没有优良到能够对付君士坦丁堡那样规格的城墙，而阿提拉也应该知道这一点。那他为什么还要不辞辛苦地赶到那里呢？或许他是在与君士坦丁堡赛跑，寄望于最后能见到它的时候，城墙还没有从地震的毁坏中修复过来。当发现它们完整无缺时，阿提拉和他的士兵们就撤退了，带着他先进的攻城机械去夺取更容易到手的目标了，比如耐苏城。通过这种方法，他能够使东罗马帝国支付金钱赎回这座城市，同时得到一大堆战利品，并且还能取得对自己来说异常重要的围攻战经验，这对他来说非常重要，特别是在以后某个日子当他想要再次对抗君士坦丁堡的时候。

国王阿提拉

君士坦丁堡安全了，但狄奥多西却丝毫奈何不了阿提拉和他的军队，只要他们不来君士坦丁堡的城墙下送死。于是，狄奥多西再次使出了外交手段，他要与阿提拉商讨和平。

狄奥多西要求得到和平，前提是答应阿提拉提出的如下条件：逃亡者要被追回，罗马俘虏的赎金从8索里达涨到12索里达，罗马人要将总额达6000磅黄金的欠款付清，每年的贡金也涨了两倍变成2100磅黄金。对于匈奴人来说，这是实打实的金币，约合3800万美元的现金，今后每年的1350万进账对草原游牧民族来说这不啻于是一条金河。罗马人的记载显示君士坦丁堡的血已经被吸干了，当税吏们去收税时，富裕的东部人都要出卖他们的家具，甚至他们妻子的珠宝来凑钱，据说还有些人甚至被逼得自杀了。

事实上，事情并没有那么糟糕。公元408年，用于收买阿拉里克的黄金有9000磅，其中4000磅来自君士坦丁堡，5000磅来自罗马；其他部落的首领也被每年1000～3000磅的贡金所收买。公元541年到561年，波斯人得到四次总额达1.26万磅的黄金的赔款，或者是每年1000磅的贡金。这些数目与偶尔支付一名上层人物的赎金或者皇帝举办的庆祝竞赛或者修建一座教堂的数目相仿。

有历史学家估算，东罗马帝国每年的财政收入大约是27万磅黄金。因此阿提拉敲诈的贡金对于庞大的帝国财政收入来说只是一笔小数目，而其后每年的贡金不到收入的1%，正好在一名严谨的总管大臣在“贿赂与杂用”项下所允许支出的预算之内。而且无论如何，这笔钱最多也只付了3年，所以罗马人是完全给得起的。

在这次的战争中，阿提拉虽然没能攻陷君士坦丁堡，但单就结果来说，他还是收获颇丰的。而且在此之后，他又有了下一步行动的打算。

在阿提拉的战略中，有一点至关重要，那就是他所取得的多瑙河南岸的那一长条土地，这块土地从西面的潘诺尼亚开始，全长达到了 500 公里，而从南到北有“5 天的行程”，按照当时的行进速度来看是 160 公里左右。因此，这块土地总共占地约 8 万平方公里，面积相当于苏格兰或者美国的缅因州。现在，那里已经没有了有城墙保护的城市和罗马军队的宿营地，也没有了多瑙河舰队，从巴尔干通往君士坦丁堡的道路已经被打开。年度贸易集市的地址迁到了南方，从多瑙河岸来到了被摧毁的耐苏城，那里从此变成了主要的边境重镇。色雷斯已经在阿提拉的掌控之下。

战争开始时，阿提拉在边远地区的统治还不太稳固。现在，他得到了需要的金钱，他的人民已经倾心于战利品与赎金，所有的匈奴部族都已经被驯服，他的威权施加到了那些曾经逃跑的人身上，他完全有了可以将自己的权力范围进一步扩展的资本。

阿提拉的帝国已经变成了这里的欧洲人从没有见到过的样子，那是整个欧洲在罗马崛起之后都没有见过的。那里曾经有过一个，在公元前 60 年由一个叫布瑞贝斯塔的人所创建的以达西亚为中心的王国，它从黑海向西扩展到匈牙利，在南面延伸进入斯洛伐克，但是它仅维持了 10 年，然后就消失得无影无踪了。

阿提拉的影响力现在已经扩大到更加广阔的地区，这种影响力在东面穿越了里海，在东北到达了波罗的海，在北方抵达了北海。整个这块地区的零散文献都证实了匈奴人的存在。正如我们所了解的，在马古斯条约之后，两位被押解回来并受到酷刑的王子被发配到了卡尔修姆，也就是今天的哈索瓦，它位于多瑙河畔，距黑海只有60公里。

考古学家在那里发现了数百件匈奴人的物品，从奥地利（在维也纳发现了内弯弓的残片和一个畸形的头骨）一直到伏尔加河（在乌克兰发现罐子和剑）都有发现。普里斯库斯含混不清地提到过匈奴人的统治囊括了“大海中的岛屿”，这被大多数学者们理解为波罗的海中的岛屿，即处于丹麦和德国海岸之外的群岛。

这个观点产生了极大的争议，但是这的确有道理，因为阿提拉继承了埃尔马纳里克的东哥特联盟所控制的地区，这片地区于公元4世纪70年代落入匈奴人的手中。这块巨大的土地包括了从莱茵河往东的整个中部以及东部欧洲，包括今天的10余个国家，以及南俄罗斯、巴尔干半岛和保加利亚的一部分，总共约有500万平方公里，几乎有半个美国那么大。

当然，这并不是一个统一的帝国，但一切事务都在阿提拉直接控制之下；这并不是说每个部落都对他言听计从，但至少没有一个部落会以武力与他作对，而且大多数部落都会遵循他的旨意向他提供军队。到了公元5世纪40年代末，他成为野蛮人（至少在罗马人眼中他们是）的最高霸主，能够确实保证获得战利品的他使得发动一场侵略战争变得合理。

这是一个那些可能为它做记录的人在很大程度上不能见到的帝国，因为尽管它横跨东西，却没有因此被君士坦丁堡和罗马的领袖们看作是对整个基督教世界所面临的威胁，因为它的社会性质是不明确的。不同的专家有不同的观点，并且进行激烈的争论，有时甚至到了粗暴无礼的地步。

马克思则将阿提拉帝国当作蛮族最后一个发展阶段的典型表现，它处于军事民主制的边缘，注定要出现在马克思主义罗列的能够摧垮罗马奴隶制社会并为封建主义、资本主义、社会主义和人间天国做准备的事物的清单上。这些观点都没有事实支持，因为关于这个新社会是如何运作的我们所知甚少。

例如，阿提拉的地位究竟如何？所有的词汇都被随意使用，包括王、君主、领袖、执政官和酋长等。所有的这些词汇都是希腊或罗马的，而且都含混不清。他对他的人民来说可能是一个神吗？这已经被提出过，而且听起来可信，既然罗马皇帝被赋予了神圣地位，正如奥古斯都神化恺撒以及卡里古拉神化他自己。但是这种疯狂举动从来都不是游牧文化的组成部分。

在游牧民的文化当中，一名统治者最多只能声称被上天所选中，正如后来的成吉思汗感到自己被长生天选中去统治世界那样，但这与自称为神不同。奉承领袖把他同上天、上帝或一个神相提并论显然是可以的，也是阿卡提里的首领不亲自来向阿提拉叩头的似是而非的理由的基础。但阿提拉真的并不能算是一个王朝的代表，因为人们的尊重是给予这个人的。人们因为崇拜他而称他为神，而非因为他坐在了王位上，所以他就是神。这两者的区别是本质性的。

此时此刻，阿提拉的国家正处于上升期，伴随而来的是财富的增长、领土的扩张以及多种族的精英阶层对得到更多金钱和土地的渴望。但是，他的国土大部分都是高低起伏的山脉和茂密的树林，这些地带都不如开阔的草原那么适合游牧民。阿提拉的新帝国正向西方和北方扩展，如果他们这样的生活方式要维持下去并且要使子民的忠诚得到保证，那这些人以及他们的家庭就会需要奴隶、财物以及土地。他们会向阿提拉索要这些，但阿提拉应该向谁要呢？

第五章 外交与阴谋

东罗马帝国的学者普里斯库斯算得上是这个世界上除了阿提拉的身边人之外，最了解这位匈奴王的人了。他曾经跟随东罗马使团深入匈奴人的国土，进入阿提拉的宫殿，亲眼见证了匈奴人与罗马人之间的外交与争斗。最重要的是，他用自己的笔记下了这一切，这绝对是一次令人难忘的经历。

使者

时至今日，阿提拉的故事之所以还能为人所知，这本书之所以还能成书，功劳大部分都要归于一个人，那就是拜占庭帝国也就是东罗马帝国的文官兼学者的普里斯库斯。他是唯一一个直接接触过阿提拉并且留下关于他的详细记录的人。大多是因为普里斯库斯的缘故，我们才能了解到阿提拉的真实形象——他不似一个野性难驯的蛮人，而更像是一位令人难以琢磨、望而生畏的领袖。他冷酷无情，野心勃勃，惯用手腕，同时又有乖戾的脾气，有时甚至会假装大发雷霆。为了他的人民，他会贪得无厌地四处征战掠夺，但同时自己却过着克俭律己的生活。他使敌人感到极大的恐惧，但对朋友却慷慨大方。这就是阿提拉，那个凭借一己之力改变了整个欧洲历史的男人。

普里斯库斯的记载之所以可信，是因为他亲身经历过一次拜访帝国皇帝，并且充满了宫廷诡计和暗杀阴谋的紧张刺激的旅途。背信弃义以及一旦揭露就有生命危险的真相，这些令人振奋的情节实在是创作一个故事再好不过的素材。在他的《拜占庭历史》（原有八卷，大部分都已失传）一书中，这些情节让人领略到了前所未有的震撼和战栗。正因为此，他的这些论述才会被其他作家频繁引用，并且能够流传至今。

故事开始于公元 449 年春，阿提拉的使者们来到皇帝狄奥多西二世位于君士坦丁堡的宫殿。这支杰出的队伍由先前的斯基里安人首领、现为阿提拉忠实盟友的埃迪卡率领，在之前的几次战争当中，他立下了赫赫战功，因此深得阿提拉的信任。这个团队的第二号人物是来自现已由匈奴人控制的位于多瑙河南岸的狭窄地带的罗马人奥雷斯特斯，他自己带了两或三名助手。奥雷斯特斯虽然腰缠万贯且拥有崇高的威望，是阿提拉的领导阶层的成员，但他却时时受到埃迪卡的排挤，这令他耿耿于怀。当他们来到了奉君士坦丁皇帝本人命令兴建于一个世纪前的“大皇宫”里，走入狄奥多西皇帝的接见厅时，都惊诧得张大了嘴，敬畏不已。

“大皇宫”可以说是拜占庭的紫禁城。这是一座由住宅、教堂、柱廊、办公场所、军营、浴场和花园组成的大迷宫，其中每一座建筑物都有自己的围墙环绕。这同时也是一座集居住、宗教用途和防御功能于一体的大型堡垒。

1895 年，埃德温·格罗夫纳在追忆君士坦丁堡已逝去的辉煌时，做了如下的描述:“在那接连不断、杳无尽头的房间厅堂里，到处闪耀着黄金和各种奇珍异宝的绚丽斑斓的华光。这似乎是人力和智慧可以达到的最华丽与辉煌的登峰造极的作品。”尽管当时其仍然处于起步阶段，而其辉煌的顶峰将在此后屹立千年之久，但其现在的风采已足以同罗马的任何建筑相媲美了。狄奥多西把这座由神守护的皇宫中的核心地带作为自己的宫廷，那里有许多厅堂和被称作达芙妮的议事厅。

伴随着宫廷翻译官维吉拉斯的翻译，奥雷斯特斯当众读了阿提拉口述而由他做记录的信。总而言之，阿提拉告诉罗马皇帝，如果他想要维护和平的话，那就应该立即停止庇护来自匈奴的难民，因为这些人所耕作的无主之地现已归阿提拉所有了。同时，他还应该派遣使者，并且应是最高层的要员，以免辱没了阿提拉的地位。如果他们有所担心顾忌的话，匈奴人的国王会亲自渡过多瑙河去迎接他们。

当一名官员接下了这卷纸草文书时，气氛无疑是紧张而又沉寂的。事情刚完成一半，君士坦丁堡方面现在必须考虑如何接待使团和起草回信。使团在接下去的几天里成为官方的客人，埃迪卡、奥雷斯特斯和随从们被领到宫廷总管克里萨斐攸斯所拥有的一间套房里。他们显得非常紧张，因为克里萨斐攸斯是这个国家最有权势的官员，就像他那更受人敬仰并以廉洁闻名的前任——禁卫军长官赛勒斯那样。

赛勒斯是一位诗人、哲学家和艺术爱好者，他主持兴建了不少美妙的建筑物，发展壮大了当地的大学，重建了因公元447年的地震而遭破坏的城墙。然而，他的继任者克里萨斐攸斯却和他截然不同。赛勒斯有多么诚实，那这个长着一张娃娃脸的宦官就有多么贪婪不义。克里萨斐攸斯靠着阴谋诡计攫取了权力，正是他用卑鄙的手段让赛勒斯名声扫地。按另一位历史学家约翰的说法："他掌控了一切，并且掠夺所有人的财产，因而被所有人所憎恨。"

现在，他已经把对他百依百顺的皇帝玩弄于股掌之间，也正是他将要决定如何与阿提拉打交道。当克里萨斐攸斯到来时，埃迪卡正为宫殿里奢华的家具、厚实的地毯和金叶铺就的天花板惊叹称奇。

为了替埃迪卡掩饰尴尬，维吉拉斯说道："他正称颂这座宫殿并赞美罗马人的富庶。"他把他的上司连同自己都当作罗马人，尽管这个"新罗马"在当时拥有更多的希腊色彩。

毫无疑问，先是双方互致礼节。然后，克里萨斐攸斯顺着埃迪卡的赞美之词，将一直盘旋于自己脑海中的想法暗示性地吐露出来，并由维吉拉斯加以翻译："埃迪卡，你可以成为这些财富以及用金叶铺的天花板的房子的主人，如果你决定为罗马做事的话。"克里萨斐攸斯之前一直密切注意着埃迪卡，并且知道他曾经是一方部落的首领，必定会对阿提拉心怀恨意。

但埃迪卡显得相当谨慎，他说道："身为另一位主人的奴仆，没有得到主人的允许就这么做是不对的。"

埃迪卡真的与阿提拉那么亲近吗？他是否能够不受限制地接近阿提拉？克里萨斐攸斯巧妙地做了试探。

"我是阿提拉最亲近的心腹侍卫之一，负责保卫他的安全。"埃迪卡答道。

"只有你一个人吗？"

"我们有几个人，每人一天，轮流换班。"

"唔……"克里萨斐攸斯停顿了片刻，又说道，"我有些事想和你谈谈，这可能会对你有好处。我想最好利用空闲时间，比如在我那里用晚餐的时候私下里谈。”他扫了一眼屋子对面的奥雷斯特斯和他的随从，“但你必须保证这件事只有我们两个人知道。”

当晚，除了站在桌旁侍奉的奴隶外，只有三个人用晚餐。通过维吉拉斯的低声翻译，克里萨斐攸斯与埃迪卡握了右手并许下了誓言。克里萨斐攸斯保证他不会说埃迪卡的坏话，而只会为他美言；而埃迪卡，尽管他应该觉察到克里萨斐攸斯将要提出的任何建议都可能令他无法接受，但他还是保证了自己可以完全做主。

克里萨斐攸斯的建议是这样的：埃迪卡回去杀了阿提拉，然后再到君士坦丁堡来过快活而富足的日子。

发酵的阴谋

虽然表面上没有显露出来，但当埃迪卡听明白了这个令人震惊的建议时，必定是惊愕地说不出话来。而维吉拉斯则以专业人士的镇静等待着他的回答。

然后，事情很简单，埃迪卡同意了。当然，这需要花钱，他必须要收买他手下的人。他随便说了个并不算敲竹杠的数字：50 磅黄金。这当然够了，这些钱足以安顿他所有的手下过一辈子了。

这些钱对一名宫廷内务大臣来说只是小菜一碟，埃迪卡可以马上得到这笔钱。

然而，事情进展得并没有那么迅速。埃迪卡制订了详细的实施计划。当他返回到阿提拉那里报告自己的出使情况时，奥雷斯特斯和其他人也会在场。"阿提拉总是想要知道有关礼物以及谁是赠送者的所有细节。他会问每一个人。我们没有办法藏起50磅的黄金。但维吉拉斯将会带着关于如何处置逃亡者的命令回到君士坦丁堡。他会告诉你如何送这些金子给我们。"埃迪卡如是说道。

这在内务总管看来是有道理的。维吉拉斯是一个信得过的人。晚餐后，埃迪卡回到自己的房间，而克里萨斐攸斯则要求觐见皇帝。皇帝召见了他的执事官马提雅里斯，他掌管着信使、包括维吉拉斯在内的翻译和皇帝的护卫。

密谋逐渐成形了。他们3人得出结论：维吉拉斯，不论他以前的出使经历如何，毕竟不是携带皇帝回信的最佳人选。他被告知现在得听从埃迪卡的指挥。考虑到他们两人都是策划者，这是正确的，但是将一名罗马人置于一名匈奴人之下将会是造成紧张场面的一个潜在因素。

除此之外，还有一件微妙的事要解决，这包括与阿提拉商议被他俘虏的罗马人的赎金，这应该由一名皇帝派出的大使掌管。他们想到的是马克西米努斯，他有着优秀的出身且是皇帝的心腹，他正是阿提拉所要求的那种高级大使。而且东罗马帝国派出马克西米努斯这样一位大使的原因其实并不难猜——他们希望在阿提拉被刺的时候有一位重要人物在场，以确保这次刺杀行动并不是一个骗局。

然而刺杀行动还是越少人知道越好，所以他们对马克西米努斯下达了简单的命令，而没有告诉他关于阴谋的事。马克西米努斯要向阿提拉指出没有必要举办一场跨过多瑙河的会议——这种会议显然可以彰显阿提拉能随意进入罗马领土。而且，如果他想要会谈，他可以派他的副官奥内格修斯前来。另外，皇帝在信中的措辞也相当强硬："除了那些已经遣返的人之外，我会再给你 17 名逃亡者，因为再没有其他的人了。"这些逃亡者来自新边境的一个军事基地，这个基地在两年前被匈奴人攻克的耐苏城附近。

回访使团还需要普里斯库斯的加入。马克西米努斯了解他，并对他的笔杆子功夫评价颇高。普里斯库斯是近十年来忙于起草皇帝的法律《狄奥多西法典》的大臣之一。他非常熟悉希罗多德和修昔底德这些大家，并且能够从他们那里借鉴文风和措辞用于自己的写作，以使自己的文章更具权威性。他同样也擅长于写演说词。他会是记录这项重要使命的理想人选：小心谨慎，有一些文职人员的古板，但却有着一根好笔杆子。不过，因为普里斯库斯天生不爱冒险，所以花费了一些口舌才成功使他加入。

他们准备出发了。7 名官员加上一个名叫卢斯提裘斯的商人，带上他是因为他与阿提拉的一名秘书打过交道。其中的复杂关系提醒我们，在这里，所有的事情看上去都不是敌对或和平那么简单，因为阿提拉的这名秘书是一个意大利人，名叫君士坦提乌斯，是埃提乌斯派来的。伟大的罗马将军埃提乌斯乐于利用自己的国际关系帮助阿提拉。卢斯提裘斯与君士坦提乌斯的相识，对回访使团在阿提拉宫廷的活动是非常有利的。

举棋不定

走过300多公里，经过太平无事的两个星期之后，他们来到了塞迪卡，也就是今天的索菲亚。当接近阿提拉的新疆土边界时，一些原先隐蔽的矛盾暴露了出来，使得他们的行程中断了两天。在宰了几头从当地购买的牛羊之后，罗马人给予他们的匈奴人旅伴热情的招待。觥筹交错之中，他们祝着酒:“向皇帝致敬！向阿提拉致敬！”

这时维吉拉斯惹出了麻烦。维吉拉斯身处阴谋之中，而普里斯库斯则不是，他对维吉拉斯所承受的压力毫无所知。维吉拉斯突然想到他或许最好向皇帝表示一下自己的忠诚，便与普里斯库斯嘀咕道:“拿一位神和一个人做比较可不合适。”

“你说什么?”奥雷斯特斯说道，他懂希腊语。

“我说，”维吉拉斯含糊道，“拿一位神和一个人做比较可不合适。”

“对。阿提拉是一位神。听到这话从一个希腊人口中说出真让我高兴。”

“不。狄奥多西才是神，阿提拉只是一个人。”

“阿提拉只是人?”匈奴人竭力反对维吉拉斯。在他取得如此之大的成就后他只是一个人? 难道维吉拉斯不知道阿提拉的权威来自于他建立的强大国家吗? 如果他不是一位神他怎么能做出这样的事……出现暴力的迹象逐渐明显，直到马克西米努斯和普里斯库斯将谈话引向其他事上并且用他们友好的礼节以及作为餐后礼物的丝绸和珍珠平息了他们的愤怒。

但是紧张依然存在。奥雷斯特斯（他并不知道阴谋的事）依然因为在君士坦丁堡被埃迪卡、维吉拉斯和克里萨斐攸斯排除在那次晚宴之外而心怀怨恨。他向马克西米努斯抱怨，而马克西米努斯对维吉拉斯提起了这件事，维吉拉斯又告诉了埃迪卡，埃迪卡对事情发展到这样的境地惊骇之至。

现在，埃迪卡对维吉拉斯怒火中烧，而奥雷斯特斯也怨恨埃迪卡，现在匈奴人和罗马人都互相憎恶。维吉拉斯知道埃迪卡计划刺杀阿提拉的事情，而较高级别的罗马人马克西米努斯和卢斯提裘斯对此却一无所知。这一切最终将如何了结呢?

耐苏城的景象让他们都闭上了嘴。这里是一片废墟，就像两年前匈奴人离开时那样：城墙的一半已经成了碎石，他们在附近几乎找不到一个人，基督徒的旅社像是为疾患者服务的医院。崩塌的城墙与河之间，匈奴人曾经在此为他们的围城器械而建造浮桥，现在那里却洒满了骨骸。在对这片荒芜景象的惊骇中，他们默默地骑马而过。

不远处是一个军营，他们在那里过了夜。而匈奴逃亡者正是被关押在此，但他们中并没有皇帝信中提到的那 17 个人，而只有其中的 5 人。

第二天他们前往多瑙河，同行的是排成一列的逃亡者——他们都被缚在了一起。他们朝西北进发，希望在马古斯那里渡河，这 120 公里的旅程至少需要四五天才能完成。这里的道路对普里斯库斯来讲分外陌生。他们整天都缓慢地走着，穿过森林，在山峦中上上下下，不停地走着直到黑夜降临。他们发现自己置身于一个被密密的树林遮蔽的地方，那里的道路迂回曲折而且有不少弯路。

没有办法，他们只能依靠着摇曳的火把挣扎前进，希望他们自己仍然在朝着西北方向走。但是后来，在人困马乏、疲惫不堪之时，他们见到天空在他们前方闪光。是太阳，一个罗马人从阴影处大喊："它升起在一个错误的地方！这是一个凶兆！"然后他的上司愤怒地批评他："那是东方，你这个蠢货！这只是道路曲折的缘故，我们不会有事的。"

之后，他们又穿过了一片被树木覆盖的平原，一路朝西北方向前进，直到遇见一支匈奴人的小部队。这些刚穿过多瑙河的匈奴人是来为阿提拉探路的，阿提拉将会到他新近获取的森林里打猎，这并不仅仅是为了快乐和食物，而是作为一种在陌生土地上训练部队的方法。不远处就是多瑙河，那里有一大群匈奴人和中空的独木舟，这些匈奴人是军队的摆渡者，而马匹和马车则是用木筏运渡的。

另一方面，他们继续旅行了几个小时后，匈奴人向导告诉他们在原地等候，而与此同时埃迪卡的随从会去向阿提拉报告他们的到来。那天夜里晚些时候，当他们在帐篷里吃饭时，匈奴人骑马回来并带来消息说一切都已经准备就绪。第二天下午晚些时候，他们到达了阿提拉的营地——几十辆战车和几十顶圆帐篷排成行穿行在起伏涌动的开阔草原上，那里是今天塞尔维亚的伏伊伏丁那省。马克西米努斯想要在山坡上扎下自己的帐篷，但这是被禁止的，因为这会使罗马人的帐篷比匈奴人的帐篷高。

帐篷在一个合适的又低而又谦恭的地方搭建起来后，一个由奥雷斯特斯和斯考塔斯率领的匈奴人高层代表团前来询问罗马人究竟想要什么。罗马人有些惊愕，他们交换了眼神之后马克西米努斯说道:“皇帝命令我们和阿提拉谈，而不是和其他任何人。”

斯考塔斯是阿提拉的副手、奥内格修斯的兄弟，是匈奴人统治集团中的第三号人物，他大声告诉他们:“罗马人最好明白这是阿提拉本人在发问，其余的匈奴人没有资格提出这样的要求。”

马克西米努斯坚持应有的外交礼节，正如他所指出的，匈奴人已经派了那么多使节去过君士坦丁堡，对这些礼节也应该熟悉了。“让大使们与其他人进行交涉是不合规矩的，我们应该得到相应的待遇。如果不能满足我们的要求，我们就不会透露出使的目的。”

一阵紧张的沉默后，匈奴人和埃迪卡一同离开了，而回来时埃迪卡却没有一同前来。他们轻蔑地对马克西米努斯宣称埃迪卡已经将罗马人的目的告诉了阿提拉，而阿提拉对他们要说的话毫无兴趣。因此，罗马人现在可以回家了。

外交行动就这样结束了，什么事也没有做成。沮丧的罗马人开始整理行李，而维吉拉斯发现他的秘密使命突然无法实行，不禁变得有些焦躁不安。他是刺杀阴谋的关键，一旦事情没有成功，他就要眼看着一笔丰厚的奖励白白丢失。没有完成任何使命，他们不能这样离开，想到这里，他脱口而出道:“我们最好撒谎，说我们还有其他的事要和阿提拉商谈，我们应该留下来而不是在埃迪卡告诉了事实之后就离开！如果我能和阿提拉谈话，我应该可以轻易地劝说他放弃对罗马人的成见。

与此同时，埃迪卡怎么样了呢？他保持了一种低调姿态，为他对罗马人小小的背叛感到有些尴尬，同时他也处于困境之中。他已经泄露了这次拜访的官方目的，但是这还不到事实的一半。他同时也知道这次旅行的真正目的，并且害怕奥雷斯特斯会告诉阿提拉他单独和维吉拉斯以及恶劣狡猾的克里萨斐攸斯一起共进晚餐的事情，而阿提拉对此又会做怎么样的表示呢？特别是对他，埃迪卡，一个外国人，一个并非不可或缺的人。他花了一夜时间在痛苦中举棋不定——说还是不说？是背叛还是保持忠诚？他害怕无论他怎么做都难逃一死。

谒见

第二天早晨，帐篷已经裹好，马匹也已经上好了鞍。普里斯库斯见到马克西米努斯一脸沮丧，于是再次进行了尝试。他找来卢斯提裘斯这个能说匈奴语的商人，他一定也在为他的商业计划面临夭折而懊恼。

普里斯库斯把他带到斯考塔斯那里。在这之前，普里斯库斯对卢斯提裘斯面授机宜："告诉他如果他能让马克西米努斯见到阿提拉，他会得到许多礼物。还有另一件事，告诉他，他也会使他的兄弟奥内格修斯获利，因为如果他与我们一起作出杰出的事，那他也会得到大量财富。我保证他会很开心。"

斯考塔斯仔细地听了卢斯提裘斯的话。然后，普里斯库斯盯着斯考塔斯的眼睛说道："我们听说你对阿提拉也有影响，你可以证明这点吗?"

"可以确定的是，"斯考塔斯说道，"我说话和做事的原则同我的兄弟一样。"他骑上马，朝阿提拉的帐篷跑去。

普里斯库斯回到他的两名同事那里，他们都气馁地躺在草地上。他摇晃着他们："起来！把那驮行李的马牵回来！准备礼品！快想想要说的演说词!”

因为普里斯库斯的缘故，在几秒钟内，绝望变成了希望。但紧接着而来的是一阵焦虑：他们要怎样与阿提拉交谈？他们究竟要怎样把他们的礼物呈现给他？

普里斯库斯根本不知道阿提拉营帐中发生的事，因此我们必须作出猜测。或许是斯考塔斯的到来加速了这场危机。可能当埃迪卡见到斯考塔斯骑马而来时，他的想象力又开始急速工作起来：“阿提拉一定猜到了一些事，维吉拉斯也会因为折磨而招供。他不能再等了，他必须现在就证明他的忠心。当斯考塔斯带着阿提拉准备接见罗马人的消息离开时，埃迪卡要求再一次谒见。然后他会把那件由那个宦官克里萨斐攸斯一手策划的阴谋全盘托出，并且坦承他自己被当作刺客，维吉拉斯会取来黄金资助他。”

与此同时，斯考塔斯抵达了罗马人的帐篷，罗马人已经准备就绪。他们穿过上山的路来到被大量卫兵包围的大帐。门开着，他们走了进去。

里面是什么样子？普里斯库斯没有提到铺满毯子的地板、中间的火盆、一张堆满了萨满教小塑像的桌子、一群卫兵、随从和秘书，因为他的注意力完全被阿提拉吸引住了，这个表情严肃令人畏惧的小个子坐在一张木椅上，这张椅子就是王座，它有着坚固的、经过雕刻的扶手和高靠背。

这是他们对这个毁灭了巴尔干、令东罗马帝国的统治者在最近十年里感到恐惧的人的第一印象。也就是在这种印象的基础上，普里斯库斯对阿提拉作出了我们前面所提到过的那些描述。

在这个时刻，阿提拉当然有足够的资本自信，因为他现在已经知道了阴谋，可以和罗马人玩猫捉老鼠的游戏。

马克西米努斯走上前将皇帝的卷轴递给阿提拉。“皇帝陛下，”通过维吉拉斯的翻译，他说道，“为陛下以及您的仆人们的安好祈祷。”

“你们愿望会实现的。”阿提拉冷冷地回应道。然后他转向作为翻译的维吉拉斯开始猛烈地质问：“你这头无耻的野兽怎么还敢在这儿出现？按照最近的条约，在所有的逃亡者被遣返前不应该有使者前来见我！”这是一个值得回味的时刻，因为阿提拉可能会在后来指责他弑君的计划。

维吉拉斯结结巴巴地说：“所有的逃亡者都已经被遣返了，没有其他人了。”

阿提拉怒喝：“住嘴！无耻的行为！要不是斩杀来使，辱我国威，我一定要将你的身体刺穿拿来喂鸟。在罗马人中间有很多逃亡者！秘书，报名字！”

就这样，他们都被当头浇了一盆冷水，维吉拉斯、普里斯库斯和其他人听着卷轴被挑出来并被打开，阴沉的寂静被草纸的沙沙作响所打破。然后那些名字被念了出来。皇帝曾经提起过 17 个人，在耐苏城有 5 个，而这儿，一个又一个的卷轴列满了那些前几年逃过边境的人的名字——时间从埃提乌斯的儿子卡皮利奥做人质时开始。他们都是叛徒，都被秘书仔细地记录了下来。天晓得到底有多少人？是谁在计数？肯定不是罗马人。

沉默之后，阿提拉说话了。

他要得到这些逃亡者，这只是因为一旦发生战争他不能让匈奴人和罗马人一起并肩作战，而当然不是因为他们对罗马人有任何用处。有什么城市和堡垒在他发兵攻打时能守得住？没有，一个都没有。维吉拉斯马上同一名叫埃斯拉斯的匈奴人离开了，去向皇帝禀明阿提拉对这些人的要求。普里斯库斯暗示只有这样，才有可能讨论关于阿提拉关押的罗马俘虏的赎金问题。如果罗马人不服从，那就会有一场战争。

“马克西米努斯可以留下起草信件，而至于你们中的其他人……交出礼物，然后出去。”阿提拉最后这样说道。

回到帐篷后，罗马人凑在一起研究究竟发生了什么事。

“我不明白，”维吉拉斯说道，“上次，他还是那么平静而又温和。”

普里斯库斯叹了口气道：“或许他听说了你把狄奥多西称为神而把他当作人的事。”

马克西米努斯点点头：“一定是这么回事。”

维吉拉斯依然困惑，他肯定自己是没有危险的。匈奴人因为恐惧不会报告那次晚餐上无关紧要的谈话，他一定也考虑过，埃迪卡不会泄露暗杀的计划而使他自己遭受叛徒的谴责。

正在这时，埃迪卡进来了。他将维吉拉斯带到一旁嘀咕了一些事。普里斯库斯事后才知道，埃迪卡是在告诉维吉拉斯，让他安排一下去为他的同谋者取来黄金。

这是埃迪卡告诉阿提拉这个使团的真正目的之后的唯一一次露面。

他只能是在阿提拉本人的命令下而来的，而阿提拉因此也一定已经决断出埃迪卡最终不是一个叛徒。埃迪卡的赌博成功了。

因此，现在有了两个阴谋——刺杀的计划和阿提拉的报复。埃迪卡在这两个阴谋中都处于中心位置。他已经在第一个上退缩了，而现在开始启动第二个。

“是什么事?”在埃迪卡离开后有人问道。

“哦，没有什么。”维吉拉斯轻蔑地挥挥手，“就是阿提拉仍然在为逃亡者和大使的等级不够高而生气，就这些。”没问题，每个人都知道在离开君士坦丁堡前，埃迪卡被授予了比维吉拉斯更高的权威。

他没有被更深入地盘问，因为一群阿提拉的随从带来了新的命令：直到所有争议都被解决为止，除了食物之外，罗马人什么东西也买不到，包括罗马俘虏、奴隶和马匹；维吉拉斯要和埃斯拉斯回君士坦丁堡想办法解决逃亡者的问题，其他人都要留下；奥内格修斯正从外地赶过来，他将是下一个被指派去罗马的使者，而他当然希望得到他应得的礼物。

现在阿提拉已经彻底掌控了局面，罗马人实际上已经被囚禁起来，而维吉拉斯——正如阿提拉清楚地知道的那样——正离开这里去取为刺杀阿提拉而准备的黄金。当他返回时，陷阱早已为他准备就绪。

热情的招待

维吉拉斯离开后的次日，阿提拉命令所有人都到他的总指挥部去。他不会再去多瑙河南岸打猎，因为他有更重要的事要处理。经过一阵收拢帐篷，打包裹和搭建马车，为马上鞍的混乱之后，他们形成了整齐的队列：马车、骑兵侍卫、弓箭手和马夫以及厨师都跟随着阿提拉的随从走在各自的队列中。他们在今天的塞尔维亚北部的草原上朝着北方蜿蜒前行。

过了一会儿，队列分开了：阿提拉离开了队伍前往一个村庄去接他的另一位妻子，那是当地一位上层精英的女儿。其他人则继续前进穿过一片平原，渡过一条大河和几条小河。他们在途中有时能见到坐独木舟的当地人，当士兵们与他们的马一同过河时，大人物们和马车在专门为此目的建造的木筏上过河。在这一路上，村民们为他们提供了食物、蜂蜜酒和大麦啤酒。

经过一天的艰苦旅行，他们在一个小湖旁扎营。半夜里他们被一种横扫匈牙利草原的夏日风暴从疲倦的梦中惊醒，风暴吹倒了他们的帐篷，还把没有穿的衣服和毯子吹到了池塘里。他们所住的是罗马帐篷，并不是为野外生活而设计的。不像匈奴人的圆顶帐篷，那种帐篷能在最冷的冬天依然保持温暖并且能抗住飓风的袭击。大雨模糊了视线，雷声震得他们耳聋，罗马人依靠着闪电找到了前往村庄的道路，大喊着寻求帮助。村民们醒来了，点燃蜡烛，领着他们进入了用芦苇生火的屋子里并热情欢迎他们的到来。

原来这个村庄里有一个女族长。更令人惊奇的是，她是我们前面曾提到过的被自己的兄弟阿提拉杀害的布莱达的几名遗孀之一。显然她被允许在布莱达的领土上有自己的居住地，在那里她仍然是实际上的王后。尽管是半夜，她还是安排了食物给他们送去。然后，当他们酒足饭饱后，许多美貌的年轻女人结队走了进来……

“迷人的女子”，普里斯库斯这样称呼她们。那些认为匈奴人在外貌和行为上都令人厌恶几乎不能算作是人的种族主义观念，全都被眼前的热情好客与美人相伴的事实一扫而光。对于身为基督徒的官员和大使来说这有些令人尴尬，特别是这些女子是根据长相而挑选的。他们礼貌克制地做了回答。“我们慷慨地将那些放在我们面前的食物提供给那些女子，然后拒绝了她们。”

第二天的天气晴朗却特别炎热。罗马人找回了他们浸湿的包裹，把它们在太阳底下晒干。他们谦恭有礼地拜访了村子的女族长并为了表达谢意而给她了三只银碗和一些干果做礼物，然后继续赶路。

就这样，过了一个星期，大约走了 200 公里的路，他们来到了另一座村庄。在那里，交通有些堵塞。每个人都必须等候，因为阿提拉重新回到了队伍当中，他必须领头。也正是在这儿，出现了一个令人震惊的巧合，那是一支来自西罗马帝国的使团，其中有几张熟悉的面孔：一位将军和一位地方长官；一名正返回的使者君士坦提乌斯，也就是那名原先由埃提乌斯派给阿提拉的秘书；一名叫作罗慕鲁斯的伯爵以及他的女婿，他正是奥雷斯特斯的父亲。看起来这个使团中有部分是阿提拉的家里人。

西部的使者们有他们自己的故事，那个故事以塞尔曼的金碗为中心。这些金碗曾经属于塞尔曼主教，当那座城市在公元 5 世纪 40 年代初被匈奴人围攻时，为了保证安全，他将它们交给了阿提拉的一名秘书，心想如果他们被俘虏的话这些礼物迟早会派上用场。但是这名秘书却将碗典当给了一名罗马银行家。当阿提拉知道这件事后，他把这名秘书锁上了十字架。现在他想要那些碗和那个银行家。这个使团到这儿来是要告诉阿提拉，这些金碗是那名银行家通过正当途径得来的，因此不是被偷窃的物品，而匈奴人的领袖无法要求得到它们以及这个无辜的银行家。

最后阿提拉出现了，庞大的队列行进穿过开阔的平原，到达了一个很大的村庄。那是阿提拉的大本营，我们在前面章节里曾提起过，大概处于今天的塞格德以西 20 公里处，能够恰到好处地避开蜿蜒曲折常常发洪水的蒂萨河。

当一行人在木头建筑物之间绕行时，女人们举行了欢迎仪式，她们排成几列，举着白色的长长的亚麻带子搭成了一个遮蓬，在遮蓬下走来了一队唱着歌的年轻姑娘。她们边唱边通过这些围场之间的道路，径直走进了奥内格修斯的围栏里。

普里斯库斯的遭遇

作为地位仅次于阿提拉的二把手，奥内格修斯的房子里令人惊奇的是居然有一间浴室，建这间浴室的石头都是从南方150公里处的潘诺尼亚特地运来的。这是由一名在塞尔曼被捕的罗马建筑师修建的。普里斯库斯没有提到这间浴室里有火炉、热水这些必备要素，也没有解释水是如何进入浴室的。当然，那里没有引水管，因为按罗马人的标准来看，那里只不过是一座村庄而已。那儿可能有一条水渠，或者只是由打水的罗马囚徒在奥内格修斯洗澡的时候排队到河边往返取水。无论如何，在这种野蛮的背景下出现这座浴室对奥内格修斯来讲绝对是一个令人震惊的地位象征，因为浴室是进入文明的象征，浴池中的水是文明的精髓所在。

普里斯库斯没有提起过阿提拉洗澡的事，也有可能这项工程是在没有得到他允许的情况下进行的。那位不知名的罗马建筑师无疑提供给了奥内格修斯温室、热水室、热坑或许甚至还有蒸汽浴室，最后还要有火炉来完备。他曾经可能指出过，如果你在冬天受冻时，一间浴室是没有多大意义的。他希望借此能获得自己的自由，但他的运气不佳：普里斯库斯在记录中说他是浴室的侍从。

在围栏中，奥内格修斯的妻子监督着仆人们用银质的盘子和高脚杯从好几间屋子里拿出食物和酒给骑手们。阿提拉要在这儿一边品尝佳肴一边痛饮美酒，而仆人们则举着盘子和杯子向周围的人表达敬意。然后他们继续朝里走，通过另一个入口走出奥内格修斯的围场，又朝上走向宫殿。

这是罗马人第一次见到他们的目的地，尽管这时出现在他们眼前的只有光滑刨磨的木板建成的木墙，这些由哥特或勃艮底的木匠们建造的木墙是如此精良以至于让人几乎看不到木板间的连接处。只有这堵墙的规模显示了它是王宫。阿提拉消失在王宫里，他急于去和奥内格修斯商讨关于他儿子成为阿卡刺里人的新统治者的问题。实际上，奥内格修斯当初就是处理这件事去了。

与此同时，在用过奥内格修斯的妻子所提供的晚餐之后，罗马人在两个围栏之间搭了帐篷，准备第二天接受阿提拉的召见。他们等待着，但是却没有人来。马克西米努斯派普里斯库斯领着仆人带着送给国王和宠臣的礼物去奥内格修斯那里。门依然关着。这将是另一次漫长的等待。

当普里斯库斯在栅栏外游逛时，一名匈奴人靠近了他。他的装束与其他匈奴人一样，穿着短上衣和毡裤。但出乎普里斯库斯意料的是，这个匈奴人用希腊语向他打招呼:“你好!”匈奴人是一群混杂的人，他们多使用匈奴语和哥特语，而那些习惯与西方人打交道的人（比如奥内格修斯本人）也能讲还算过得去的拉丁语，但不会是希腊语。这里附近唯一能讲希腊语的人便是在最近的战争中被俘虏的囚犯，那些帝国要为他们付赎金的人。每个人都能一眼把他们分辨出来，他们是受害者必定衣衫褴褛。而这个人，看着大约40岁，衣着却相当光鲜，头发也整齐地梳成了匈奴人的发式，表现得自信且随和。

“你好!”普里斯库斯回答道，然后提出一连串的问题:“你是谁?你从哪里来?你怎么会接受野蛮人的生活方式?”

“你为什么想知道?”

“你说希腊语!我当然会好奇了!”

那人笑了，是的，他是希腊人，一个在费米拉孔行业的商人，他娶了一个富有的妻子并且在匈奴人袭击那里并将那个城市夷为平地前的8年里过得相当富足。他是那些被当作俘虏带走的人中的一个。生意当然被毁了，但是因为他的财富，奥内格修斯挑选他作为一名主要人质。结果证明这对他们双方都有好处。他在与罗马人和阿卡刺里人的战斗中显示了英勇，这可能意味着他为一支军队提供给养或者指挥这支军队。无论如何，他取得了足够的战利品来赎买自己的自由。现在他是奥内格修斯的随从之一，有着一名新的匈奴妻子和孩子，而且再一次过上了好日子。

事实上，在这儿的日子比在费米拉孔还要好。他应该知道，他处于一个可以比较两种文化的独一无二的地位。他说在罗马帝国里，民众都依靠他们的领袖，因而失去了战斗的勇气，而将领们多是一些没用的懦夫，因此注定要失败。在和平中，他们在税吏和罪犯们的支配下生活，再没有什么像正义这样的东西了。富人贿赂法官，穷人则在监牢中枯萎直到死亡。面对无能、没有安全感、腐败和压迫的社会，毫无疑问，在这儿的生活更好。

普里斯库斯是一名文官，负责撰写官方报告。他的耳朵向批评敞开，因为没有人会拒绝承认由于这个转变成匈奴人的希腊人所提出的理由，帝国正在走向衰败，但让这样的事不受挑战地正式记录下来就不太好了。

因此，他把自己描绘成一名一本正经的回应者，一个把罗马的法律制度说成完美无缺的人。法律规定了要有士兵、优秀的军事训练、公平的税收、公平的法官、为普通人的权利辩护的独立律师。如果审判持续了相当长时间，那只是因为法官想要确定他们作出了正确的结论。罗马人和野蛮人是多么地不同啊，他们像对待父辈那样对待他们的奴隶，惩罚他们时像对待自己的孩子一样，如果他们做了错事，那他们会克制自己不再做这些不合适的行为。甚至死了之后，一个罗马人也能保证得到更多的自由，因为遗嘱是有合法约束力的，甚至连皇帝本人都要服从于法律。

这是一篇相当长的演说，那这篇高谈阔论的结果是什么呢?

“我的这位同胞哭了，并且说罗马的法律是公平的，罗马的政治是清廉的。”普里斯库斯是这样记载的。

可实际上，没有任何一个明智的人会相信这句话是真的。这个不知名的男子，他曾经有过一个家和一门生意，在失去所有之后又经历了四场战争，而现在他在外国土地上从白手起家，开始再一次过上富足的生活。当他听了一番直接取自教人如何像苏格拉底一般演说的文官手册上的正经而又虔诚的话语之后，就哭了?

这也是为什么普里斯库斯没有记下这个人的名字的原因：普里斯库斯将事件不成比例地放大，而且他既不希望使那个人陷入困窘也不想冒被反驳的风险。人们不会抹着眼泪接受他的抗议之辞，而只会是会意地点点头并抱有不少怀疑。

谈话过后，奥内格修斯出现了，他收下了礼物出来见马克西米努斯，后者怂恿他作为使者前往罗马再订一个新的和平条约。奥内格修斯对此表示冷漠，他只做阿提拉愿意让他做的事。“或者罗马人认为他们能够迫使我背叛我的主人?”他说，“为阿提拉服务，要比罗马人的财富好!”

第二天，普里斯库斯担负着作为中间人和阿提拉取得直接联系的任务走近了宫殿的木墙，并且得到了进入的允许。现在他见到了阿提拉的围场的真实尺寸，它包括一座宫殿、一个分隔的宴会厅和一大群其他的建筑，一些建筑的木板装饰着雕刻，而其他的则仅仅是剥了树皮刨光之后裁成合适的形状而已。一些建筑属于阿提拉的王后，它们的木板是建在石基上的。

普里斯库斯现在已经为匈奴人的官员所知晓，他径直穿过一大群杂乱的卫兵、仆人和从蛮族部落来的使者以及急于要让阿提拉审判他们的控诉的普通匈奴人，匈奴语、哥特语和拉丁语的声音夹杂着使他听不清说的是什么。在人群中的某个地方呆着是另一个罗马使团的成员，那些想要平息金碗争执的人。普里斯库斯进入王后的房子，脱去他的便鞋，然后走上毛毡地毯，他发现王后靠在一张罗马样式的长椅上，被一些正在刺绣亚麻布斗篷的侍女环绕着。附近没有翻译，所以普里斯库斯呈上礼物后便离开了。

宴会

当阿提拉和奥内格修斯走出来时，普里斯库斯正在外面的人群之中。阿提拉习惯性地扫视了周围的人。这是领导者所惯用的小伎俩，有助于今天的政治家和公共演说者抓住所有人的注意力并给予一种权威的印象。当请求者们申诉并接受宣判时，另一位罗马使团的成员走进来看看究竟发生了什么事。

普里斯库斯询问了有关金碗的事。那人说没有好消息。阿提拉态度非常强硬地问他们:“要那些碗，还是要战争?”

使团中有着作为外交使节的长期经验的罗慕鲁斯解释了这其中的原

因:“以前从来没有一名统治者能够在这么短的时间内取得这样大的成就。权力令他骄傲。他同时拥有了更大的野心，想要攻打波斯。”

“波斯?”从人群中传来惊讶的声音，“轮到波斯人总比轮到我们好。”

“是的，但是然后又会发生什么?”这是一位西方来的高级官员在提问，他来自潘诺尼亚一个现在由匈奴人统治的地方。

“阿提拉将会回来做主人。”他说道。

“现在我们称他为名誉上的将军，因为这样我们的贡金似乎就能够有规律地支付给他。但是如果他击败了波斯人，那他就不再会对罗马人的金子感兴趣了。他会想要称作国王，并且把罗马人当作奴仆。”他说道，“匈奴人将军们已经像罗马人的将军一般优秀，而且……”

这时，奥内格修斯走了出来。人们的一阵提问以马克西米努斯被阿提拉召见而结束。

在帐篷里面，如他之后所报告的，马克西米努斯受到了轻视。阿提拉希望大使是他认识的人，像诺摩斯、阿纳托里乌斯或者塞纳托尔那样的高官，那些曾经到这儿来过的人。当马克西米努斯说如果阿提拉要求这些人来的话可能会使皇帝怀疑他们有变节行为时，阿提拉说道:“照我说的去做，除非你想要战争。”

回到帐篷后，当马克西米努斯正沉思该做什么时，一个参加晚宴的邀请送到了罗马人这里。这是他们第一次有机会在轻松的时刻见阿提拉，如果他曾经轻松过的话。当那个时刻来临时，罗马人走进了宴会厅，那里的侍从提供了一杯葡萄酒，这样客人们就可以在他们就座前做祈祷了。

传统意义上，匈奴人喝的是由母马的奶经过发酵而来的马奶酒，或者是大麦啤酒。葡萄酒是阿提拉的餐桌上新增添的东西，这是一项重要的贸易物资，是像这样的正式宴会中受欢迎的部分。

阿提拉穿着便服，甚至连他的鞋带也没有通常匈奴人的装饰物，而剑则放在他身旁。他坐在罗马式的长椅上，而年轻的埃拉克则坐在椅子的另一头。他自己现在也是一名国王，但是看起来却不太像一名国王，他低垂的眼睛敬畏地望着父亲。他的哥哥艾纳克，阿提拉最喜欢的儿子，坐在他身旁的椅子上。普里斯库斯现在看到，事实上这座宴会厅同时也是阿提拉的正式卧室。在阿提拉身后是另一张长椅，而那之后是一些台阶，它们一直通向一张被装饰物与彩色的亚麻和丝绸幔帐装饰起来的床。

椅子沿着墙排成一列，每张椅子旁都有一名侍从。普里斯库斯没有细数他们的人数，但是有30~40人，这才适合一场同时接待来自东罗马和西罗马首都的使团的宴会。奥内格修斯坐在阿提拉的右边，那是荣誉的位置，而其他匈奴人贵族则沿着同一面墙并排就座。

罗马人坐在左边。侍者们提供给他们金质和银质的酒盅，一名侍从给阿提拉斟满葡萄酒的却是木制酒盅。国王轮流向每一个人正式致意，他的杯子被传过了每一位客人手中，他们每人都喝上一小口然后递回来，与此同时，每个人也都在自己的杯中啜饮一小口。普里斯库斯在解释这个冗长的介绍仪式是如何完成时感到相当麻烦，但是这听起来有些像在罗马人的一次酒会间以及基督徒圣餐礼上的传酒仪式。然后桌子被抬了进来，每张桌子提供给三到四个人，这样每个人都能吃到东西而不用离开他的位子。现在，食物出现了，盛在银盘里的有各种各样的肉和面包，这种银盘是为每个人提供的但阿提拉除外，他为了显示自己简朴淳厚的游牧者本性而使用一个木盘子和他的木杯。第一道菜结束后，所有人都站了起来，喝干了酒杯里的酒，向阿提拉敬酒并祝他健康。紧接着是另一道菜。

普里斯库斯没有记录被奉上的东西的详细情况，他对食物不感兴趣，况且，他的视线正变得模糊，而印象也有些含混。在他看来，这只是另外一盘菜肴而已，第二道菜很快也结束了。所有人都站起来，他们再一次敬酒，再一次喝干酒杯里的酒。天色渐渐暗下来，松木火把被拿了出来，现在是娱乐时间。

两名游吟诗人唱着他们自己创作的歌曲赞美阿提拉的胜利和他的勇气。这非常动人，在宴会厅周围，年轻人们回忆起那些战斗并报以点头和微笑，老人们则饱含热泪。紧接着轮到喜剧演员出场了，对于一个罗马人来说，很难想象有什么东西能够比一名匈奴喜剧演员更糟糕，当然这是因为他的行为完全在罗马人理解之外。普里斯库斯将这个人不屑地称作疯子，他说的话完全是古怪的、不可理解的，总而言之都是疯话。但是对匈奴人而言，他非常滑稽，他们都忍不住大笑起来。

最好的部分最后才来到，这是他们所有人都期待的时刻。泽尔康，那个从利比亚抓来的曾经属于布莱达的小丑，那个走路蹒跚、没有鼻子、驼背的侏儒。每个人都知道他如何逃走，又是如何被抓回来并且从他主人的随从中娶了一个妻子的故事。当布莱达身亡之后，阿提拉将泽尔康同他的妻子分开并把他交给了埃提乌斯，而埃提乌斯则将他还给了他的老主人阿斯帕尔。泽尔康的人生是多么坎坷啊，从他在利比亚行乞时被抓走然后经过贵族、将军和酋长之间的转手，从罗马人到匈奴人，再到罗马人，现在最终又回到了匈奴人的手里。斯基里安人酋长埃迪卡同意泽尔康有要回自己失散妻子的权利，从而说服了他，并凭着自己的国际关系把他再次带回了阿提拉的宫廷。

现在泽尔康走了进来。他不是傻瓜，他知道自己的命运维系在自己的娱乐价值上。因此他做了表演，那可能是一种演说，他用他通常的不清楚的口齿刻意混杂了匈奴语、哥特语和拉丁语。对于现代的鉴赏力来说，这实在是一个糟糕的主意。但直到 20 世纪早期，大多数观众还会喜欢它，正如他们喜欢长胡子的女人那样。所以，在当时的场面下，每一个旁观者会忍不住大笑，拍自己的大腿，笑得眼泪四溅。

但阿提拉仍然板着脸不为所动。毕竟他已经让泽尔康在过去 7 年中断断续续地为自己表演了不少，已经足够了。只有当年轻的艾纳克走来站到他身边时，他才有所反应。艾纳克是个特殊的人物。一个说拉丁语的匈奴人小声告诉普里斯库斯，巫师已经告诉阿提拉匈奴人会衰落，但是他们的命运将由艾纳克重振。阿提拉温柔地用手搭在他儿子脖子上把他拉近了一些，并且柔和地笑着，而同时泽尔康在他面前做着奇怪的表演。

阿提拉的愤怒

处理官方事务还需要5天时间，这些事包括给皇帝写信，用5索里达赎买一名罗马妇女，参加另一场由阿提拉的宠妃爱瑞康举办的宴会，最后还要与阿提拉共进一次晚餐。罗马使者们还有一件事没做，那关系到君士坦丁乌斯，那个被埃提乌斯派到阿提拉那里的秘书。埃提乌斯向君士坦丁乌斯保证过他会得到一名富裕的妻子，而且皇帝找到了这样的一名女子，但是这一安排被宫廷政治破坏了。阿提拉坚持认为他的秘书君士坦丁乌斯作为罗马人与匈奴人之间战争和外交相互作用的组成部分，应该得到许诺过的妻子。这是已经被答应的，罗马就应该履行自己的诺言！

然后使者们开始了回家的旅程。这不是一次愉快的旅程，他们见到了一个间谍被刺穿，这是对阿提拉的残酷无情以及他的刽子手恐怖技术的可怕回忆；另外两名奴隶因为逃跑而被吊在“V”形的树杈上慢慢死去；而他们的匈奴人陪同者在半路上变得极其无耻，要求收回作为礼物送给他们的马匹。

因为到君士坦丁堡的路只有一条，他们遇见了在返回途中的维吉拉斯同他的匈奴人看护者埃斯拉斯，以及被小心地掩藏起来的打算给埃迪卡作为刺杀阿提拉的50磅黄金。既然他是被派去讨论逃亡者和囚犯事宜的，那他的返回也不是什么秘密。

他是这个由奴隶和马组成的小使团的首脑，他显得非常愉快，丝毫没有觉察到自己正走进一个圈套中。当然他不会知道真相，因为只有埃迪卡和阿提拉知道，而自从埃迪卡向阿提拉泄露秘密后又曾简短地同维吉拉斯耳语了几句，自那以后维吉拉斯就没有再见过他。他没有考虑到一件事，阴谋的一个主要支柱已经被砍倒了，那就是当阿提拉表面看来是被自己的官员所刺杀时，那里需要有一个高层罗马代表团在匈奴人的土地上做见证。维吉拉斯是如此自信以至于他带了他的儿子做陪同。

普里斯库斯之后才知道发生了什么。当维吉拉斯穿过匈奴人的土地，阿提拉的人已经在等他了。那是一对整齐的护卫队，一个令人振奋的惊喜，但是这很快变成了惊吓。他被逮捕了，并遭到搜查，在那袋黄金被发现后连同他的儿子都被带到了阿提拉的面前。

“那么这些金子究竟是为什么人准备的?”阿提拉问道，好像他不知道一般。

“这是为我，也是为了其他人准备的。”阿提拉让维吉拉斯不知不觉地陷入了谎言和虚妄之辞的沼泽之中，“这样，我们就不至于因为缺少补给而完不成这个使团的使命。”他拼命挣扎着，还用马匹和畜力缺少的理由来解释。这样可以防止他们因长途旅行而精疲力竭，而且他们还需要买更多的东西。他还要赎买俘虏，许多罗马人都央求他为他们的亲戚付赎金。

维吉拉斯本来可以做得更好，如果他真的那么自信的话，他会为自己遭受的待遇愤怒地答复阿提拉："一名使者被逮捕和抢劫了！真是闻所未闻！皇帝将会听到这件事！"但是，他却用自己的拐弯抹角之辞应对谴责。

"卑鄙的野兽！"阿提拉喊道，他装出生气的样子相当有效。"你和你的诡计不再会逃脱正义！你的借口无法使你逃避惩罚！"

维吉拉斯像一名罪犯一般被对待，并且是被当作匈奴人罪犯，而不是罗马人罪犯，更不用提外交官的身份了。阿提拉对自己的根据相当有把握，因此他继续咆哮着。这些钱比任何一个代表团所需购买供给、马匹、畜力和俘虏的钱都要多得多。还有，无论怎么说，维吉拉斯一定记得当他第一次和马克西米努斯来的时候，阿提拉已经拒绝了赎买俘虏。

这时，阿提拉点头示意卫兵抓住维吉拉斯的儿子。一把剑拔了出来。阿提拉说道："我只要说一个字，那孩子就死了。现在，告诉我实情。"这正是阿提拉在 6 个星期前头一次听说这个图谋之后一直在等待的时刻。一位罗马使者在一次如此愚蠢的刺杀阴谋中被抓获。难道还有什么事能够更体现出罗马人的口是心非和匈奴人的更胜一筹呢?

维吉拉斯崩溃了，他涌出热泪，呼唤阿提拉以正义的名义，让那把剑落到自己头上，而不是那个无辜的孩子，他一点都不知情。

然后他说了实情。

就这样一切都真相大白了：克里萨斐攸斯、埃迪卡、君士坦丁堡宫殿的会谈、皇帝的赞同、金子，所有的事。这个事实阿提拉其实已经知道很久了。

这足以让维吉拉斯保住命了。阿提拉既然能够装作愤怒，便也能作出宽宏大量的样子。但从这件事上他还能压榨出更多的东西。维吉拉斯被用镣铐锁了起来，成了一名人质。这个声称自己来为其他人付赎金的人也成了被赎的对象。他的儿子带着这个消息被遣送了回去，而且要带另外 50 磅黄金返回。

这样的结果非常富有戏剧性。50 磅黄金正好是资助刺杀自己的那个数目，现在阿提拉反而要求同样多的一笔钱仅仅用来赎一名使者。皇帝将会失去两倍的赞助费，而得到的除了羞辱外别无他物。对有戏剧细胞的人而言，这次复仇极其完美，而阿提拉正好是一个有这种细胞的人。

但是这还不够，除非他让这种羞辱变成对皇帝和那个可恶的宦官克里萨斐攸斯的公开羞辱，他派奥雷斯特斯和埃斯拉斯两个真正诚实的人随同那男孩一同前往便是这个目的。他们的工作就是在皇帝的伤口上撒上一把盐。

当他们在君士坦丁堡与狄奥多西会谈时，奥雷斯特斯脖子上缠着那个维吉拉斯用来藏金子的袋子。克里萨斐攸斯当然也在场。埃斯拉斯把阿提拉想对他们讲的话讲了出来: “皇帝和克里萨斐攸斯认得这个袋子吗?”

一阵意味深长的停顿提供了解释和辨认的时间，接下去他又说了阿提拉的口信: “狄奥多西是一位出身高贵的父亲的儿子。我阿提拉也同样是，我是我父亲，匈奴王蒙楚克的儿子。我维护了我的贵族血统，但是狄奥多西却没有。现在谁是野蛮人，谁又更文明呢?”

答案是很明显的，这个袋子证明了一切，维吉拉斯阴谋刺杀阿提拉。作为补偿，阿提拉宣布：“我不会停止对狄奥多西的谴责，除非他把那个宦官交给我惩罚。”

还有一些事情需要解决，也就是君士坦丁乌斯妻子的事。他与之订婚的那个女子已经带着她的嫁妆嫁给了别人。但是狄奥多西肯定知道这件事，在这种情况下，他最好把她要回来。不然的话，难道说他无法控制自己的臣仆？如果情况真的是这样，那阿提拉倒是乐意为那个男人提供一份他不会拒绝的礼物。

唯一能解决这堆麻烦和保住克里萨斐攸斯性命的方法就是找一个比许配给君士坦丁乌斯的那个女人更加富有、更加有背景的女人，然后向阿提拉付钱，再付钱，再付钱。一个使团已经准备就绪，以一位比马克西米努斯更加显赫的人物为首。他们用前所未有的一大笔钱解决了所有的问题：阿提拉从多瑙河南岸的土地上撤退，这片土地他本来会不惜一切代价力争保留下来；君士坦丁乌斯终于得到了一位富有的妻子，她是将军和执政官普林塔斯的儿媳，他的儿子已经死了；维吉拉斯被赎回，而克里萨斐攸斯也再次从阴谋中活命；罗马人的战俘被释放了，而匈奴人的逃亡者则被恰到好处地遗忘了。

现在，阿提拉可以毫无顾忌地将注意力对准比君士坦丁堡更加软弱的目标——他们西边的“朋友”，正在衰败中的罗马帝国本身。

第六章

失败的远征

阿提拉与他的老朋友罗马将领埃提乌斯早晚会有一战，虽然他们之间已经保持了15年的和平。这不仅是因为阿提拉的野心，更是因为罗马帝国的衰败。没有狼会放过虚弱的猎物，阿提拉也不例外。但可惜的是，很多方面的不成熟，注定了这场远征的失败。

新的目标

公元 450 年，阿提拉在多瑙河沿岸的南部边境和平生活。他越过多瑙河的进军、关于战俘和逃亡者的争执，以及带着愚蠢阴谋为他谋方便的东罗马人，所有这一切都给他带来了从一个强盗式贵族变成帝国奠基人所需要的金钱和安全。他本可以沿着这条路继续走向巩固和稳定，但这不是他的本性。

对于阿提拉而言，永远不会有足够的金钱和安全。信任君士坦丁堡并长期遵守盟约不会增加他的利益，因此他将目光转向了西方。当然，他们与罗马已经有长达 15 年的和平，这一切都植根于被匈奴人的老朋友埃提乌斯支撑着的匈奴人—罗马人联盟。但阿提拉不会让友谊挡住自己的征服之路。不用一年，他的附庸们甚至上层精英集团都会变得不安分。是时候做一些事了。

罗马城本身是一块难以正面挑战的硬石头，但是他的北方行省高卢却好啃得多。

可怜的混乱不堪的高卢作为蛮族的操练场已经有 50 年之久了。不列颠人逃离他们充满麻烦的小岛来到高卢的西北方，那里后来变成不列塔尼地区；汪达尔人、阿兰人和苏维汇人在公元406年穿过莱茵河，涌向西南方然后进入了西班牙；勃艮底人在被罗马人和匈奴人联军于公元435年至437年间逐出莱茵河地区后，在萨伏伊地区定居了下来；而西哥特人经过罗马和西班牙进入阿基坦并在此定居，罗马于公元439年承认了他们的独立地位；到处游荡的匪帮巴高达人在北方割据；阿兰人住在瓦林斯附近，离奥尔良距离很近。

历史学家喜欢同诸如部落和城邦这样分离的实体打交道，但是在5世纪的高卢，个人、军队和部落往来聚散如此频繁以至于很难定义他们的基本单位，更不用说要将他们编写进史书之中了。而且在高卢，没有什么地理学或政治学的规律可以遵循，蛮族部落倾向于从东方迁移到西方，但他们有时也会不那么做或者干脆定居下来。他们是罗马的敌人，但有时也不是；他们保存了自己的身份，但有时却没有保存。

一个不可否认的事实是高卢现在正处于战争的边缘，这给阿提拉提供了一个征服这里的好机会。

在高卢的东北边界，法兰克人维持着稳固的独立地位。在莱茵河沿线痛击了介入这个地区的部落之后，匈奴人很容易就能接近法兰克人。

在西北方一块以不列塔尼为中心的广大区域里，巴高达人继续像以往那样不安分。阿提拉之所以知道他们是因为一名富有的希腊医生尤多西乌斯，他曾经和他们住在一起，后来惹了一些麻烦不得不逃跑了。他在罗马人眼中是变节者，因此他不能去罗马。结果他逃到了匈奴人那里。

在遥远的西南方，也就是今天的阿基坦，西哥特人在长途迁徙之后定居在那里，他们对罗马人和匈奴人而言都是老对手。公元437年，一支匈奴人的军队在埃提乌斯的首席副官李多里乌斯的率领下把西哥特人赶出了纳博讷，但第二年在西哥特人的首都图卢兹附近，他们却遭到了全军覆灭的厄运。

然而，高卢的心脏仍然在跳动，因为高卢—罗马行省在中部和南部安全地区的人们向罗马寻求保护并引入罗马文化。公元418年，它拥有了自己的本地行政机构七省委员会，并在新首都阿尔勒维护着罗马特色和基督教，控制着罗讷河三角洲。

正是在这里，埃提乌斯于公元424年之后把自己当作高卢的保护者，以最强硬的姿态对抗西哥特人，但同时他还要对付莱茵河边境的日耳曼人。当然，他为此雇用了一些他所反对的蛮族人。他这么做也有他自己的理由：当埃提乌斯于公元432年被摄政的加拉•普拉奇迪亚撤职后，他率领一支桀骜难驯的法兰克人和匈奴人的雇佣军使自己复职。

公元450年，埃提乌斯仍然在扮演同样的角色。他的军力遍布罗马通向各个要塞城镇的道路网，这些城镇包括守卫摩泽尔河谷的特里尔，以及控制卢瓦尔河、对抗南方西哥特人以及西北方的野蛮的不列颠人和巴高达人的奥尔良。这是一个逐渐走向没落的行省，然而它还守护着自己的核心。在旧日的边境，也就是莱茵河畔有着一系列的堡垒，但是它们都在阿登地区之外，而且很难在出现紧急状况时增援。

那么，阿提拉要如何实施他的新计划呢？实际上，他需要运用一些策略，好让自己看上去对高卢不构成直接威胁，同样也不会直接威胁到罗马，这样他就不会失去高卢的保护者埃提乌斯的友谊了。

西哥特人似乎是个关键，因为他们是罗马人和匈奴人的传统敌人。阿提拉试图运用外交手腕，但老实说，他并不是实施这类外交策略的行家里手。阿提拉向罗马提出了一个貌似有理的要求：作为附庸的西哥特人掳走了他们的匈奴人主子，他们一定要被带回来。

他可以用通过声明这一点为他自己带上外交的假面具，因为西哥特人也是罗马人的敌人，按当时的编年史家阿基坦的普洛斯珀所说，他将扮演“罗马人的友谊的捍卫者”。这样的行动可能甚至会赢得阿基坦的罗马人的友谊，那里的地主们乐于取回一代人之前被西哥特人占领的土地。

但显而易见的是，西哥特人不会对阿提拉的到来表示友好，他们也需要在夹缝中求生存。阿提拉写了一封完全不同主题的信给提奥多里克，敦促他考虑一下谁是他现实的敌人。他指的当然是罗马人，他还花了不少言辞表示对提奥多里克的支持。正如约尔达内斯所评论的那样：“在极度残暴的外表下，他其实是一个敏感细腻的人。”阿提拉真的会天真到认为他的敌人们看不到最大的危险在哪儿？很可能他真的是那么天真。

他的野心被另一个新的遥远的蛮族王国所鼓舞，那就是北非的汪达尔人。约尔达内斯在一段轶事中说明了其中的原因。一名西哥特公主，也就是提奥多里克的女儿嫁给了一名汪达尔王子胡内里克，他是国王该撒里克的儿子。一开始一切都进展顺利，他们有了孩子，但接着胡内里克变得粗暴而且偏执。“他非常残酷，甚至对自己的孩子也是如此。仅仅是因为怀疑妻子试图毒杀自己，他便把妻子的鼻子割了下来，并把她送回她在高卢的父亲那里。在那儿，这个悲惨的女孩成了一个前所未见、不堪入目的丑八怪。这种甚至令陌生人发指的残酷行径，激起了她极富权威的父亲的复仇欲望。”

就这样，该撒里克有理由对提奥多里克将要做什么感到紧张。阿提拉先发制人的袭击将会使胜利唾手可得。

如果阿提拉达到了他的目的，那前景真是无限美好！随着西哥特人被击溃，阿提拉可以统治从里海到大西洋的相当于东西罗马帝国加起来那么广阔的区域，还有一条穿过高卢的供给线切入北方不安分的巴高达人和南方罗马军团之间。可以肯定的是，接下来，他可能摧毁巴高达人或者干脆不理他们而直奔高卢。阿提拉将会统治整个南欧，一个新的、充满活力的帝国将与那个日益衰落腐化而且被分隔的南方帝国制衡。再接下来，阿提拉将会掌控这个帝国，并最终将它征服。

女人的复仇

阿提拉开始实施他的计划了。他给罗马的瓦伦提尼安三世写了一封书信，表述了他要进攻西哥特人的意图以及他不会与西罗马帝国发生争端的保证。这件事发生在公元 450 年的春季，正好是他准备向西长征的时刻。这场战争原本可以按照计划很好地进行下去，但是两件事改变了一切，它们诱惑着阿提拉去做力所不及的事，从而导致了他的失败。

此时，西罗马帝国皇帝瓦伦提尼安三世还只有 30 出头，他有一个姐姐叫霍诺丽亚，他们俩是狄奥多西大帝的两次守寡的女儿——令人敬畏的加拉·普拉奇迪亚的孩子。普拉奇迪亚自己的故事可谓是一场戏剧：她被哥特人的首领阿萨尔夫从罗马娶走，而在阿萨尔夫被刺杀身亡后又被送回了罗马，然后又嫁给了与阿萨尔夫同样有地位的君士坦丁乌斯（当然，这位君士坦丁乌斯并不是阿提拉的秘书）。接下来发生了更加戏剧性的事件，那是她的女儿霍诺丽亚公主的故事：关于她受伤的自尊心以及她如何改变了历史的进程。

自从篡位者约翰被击败以后，皇室安顿在现在的首都拉文纳已经有 25 年了。霍诺丽亚自孩提时起就生长在权力和特权之上，她被授予“奥古斯塔”的称号时太过年轻，这对她很不利。她在宫殿中有自己的住处，一位叫作尤金尼厄斯的管家替她操持一座大宅邸。

像她母亲一样，霍诺丽亚也是一个富有野心的女人，但不同的是，她计划自己掌权，而且她不像兄弟瓦伦提尼安皇帝那样迟钝软弱，她具有这么做的智慧。她所缺少的仅仅是机会，没有机会，她将被迫委身于地位低下的人；而如果她的兄弟不能生下继承人的话，那她的机会就会到来。她权力的梦想依然留存，要实现这个梦想，她需要一个伴侣。

尤金尼厄斯就在眼前，他首先是个同谋者，然后他还不只这一个身份。一位诗人这样写道:“就这样,美丽的霍诺丽亚来到了16岁的年龄,开始厌恶纠缠人的崇高地位,那种崇高的地位必定将她永远排除在高尚的爱情的安慰之外。在空虚和无法令人满意的浮华之中,霍诺丽亚叹着气,屈从于本性的冲动,将自己送入了她的管家尤金尼厄斯的怀抱。”

以下事实可能会稍稍破坏这个故事的意境:当这件事发生时,霍诺丽亚不是一个10几岁的令人炫目的少女,而是一个诡计多端的30多岁的女人。后来她怀孕了,于是事情败露,尤金尼厄斯被处死,而霍诺丽亚被流放到君士坦丁堡,并且被许配给了一个富有但懦弱而且没有任何针对皇帝的阴谋的执政官。

失去爱人、计划失败以及面对一个无聊透顶的丈夫逼得情绪暴躁的霍诺丽亚策划了一次可怕的报复行动。从阿提拉最近给她兄弟写的短笺中,她得知帝国之外欧洲最有权势的国王正在计划将势力扩展到西哥特人的土地,而且也可能会以成为整个高卢的统治者而告终。

这就是她如何报复她的兄弟的计划:她要成为阿提拉的配偶。她如果不能成为罗马的女皇,那就要做高卢的女皇。

其他来源有足够的材料让我们相信这个故事。在她的随从中有一名忠诚的宦官,海厄森苏斯,她将自己的特别使命托付给了他。她给了他一枚要交到匈奴人统治者手中作为她真诚的证据的戒指,然后派他到阿提拉那里寻求帮助。她会给一定数量的金钱,而作为交换,阿提拉要立刻来将她从一桩她所憎恨的婚姻中解救出来。她的戒指暗含着作为解救她的回报——她可以成为他的妻子。

瓦伦提尼安有他自己的间谍，但当他知道发生了什么事的时候，海厄森苏斯已经走出了很远。这个令人震惊的消息很快传遍了社会上层，也传到了君士坦丁堡的狄奥多西的耳中。狄奥多西刚在刺杀计划失败后使得阿提拉平静下来，因此并不希望他自己以及新的和平协议被这样的事所打扰和破坏。

他建议瓦伦提尼安立刻将霍诺丽亚交出去。她可以被送过多瑙河去，这是一个很好的摆脱她的法子。但是瓦伦提尼安不打算接受这种轻视他权威的做法。海厄森苏斯的任务完成得如何没有被记录下来，因为阿提拉的指挥部中没有任何一位官方文员会记录这件事。或许奥内格修斯首先会倾向于不让这名使者和他疯狂的礼物烦扰他的主人，但是之后，他又做了其他考虑；或许他和阿提拉两人最后都听完了海厄森苏斯的话，阿提拉可能把这个主意搁置了下来直到有合适的机会再提出。

几个星期后，当海厄森苏斯回到他的女主人那里报告成功地完成了使命时，瓦伦提尼安将他逮捕了，并对他严刑逼供，最后将他处死。

瓦伦提尼安一定也想解决掉他这个麻烦的姐妹，但却被令人敬畏的母亲加拉·普拉奇迪亚所阻止，她要求使她误入歧途的女儿得到照顾。当年晚些时候，普拉奇迪亚去世了，这个时候，霍诺丽亚已经在她沉闷的婚姻中退出了历史舞台。

但是，她计划的影响却还在延续，它将被发生于公元 450 年的第二件意想不到的事所推动。霍诺丽亚在春天的时候送出了特殊的礼物，而在 7 月 28 日，东部帝国的皇帝狄奥多西从马背上摔了下来导致背部受伤。两天后他就死了，享年 50 岁，留下了两个女儿，但没有男性继承者。同时还留下了一个问题，自他 43 年前登基开始，他就从来不是一个强硬的皇帝。他皇位之后的力量来自他的姐姐普尔喀丽娅，而她不准备仅仅因为弟弟的去世就放弃自己的权力。三个星期之内，她嫁给了一名叫马西安的色雷斯元老，并向惊讶但是顺从的朝廷展示了作为狄奥多西临终前指定的继承人马西安。

马西安与普尔喀丽娅一样，他不是一个热爱和平的人。在他看来，现在是一个显示决心并且停止向北方进贡黄金的好时机，因为阿提拉正忙于计划他的西征，既没有时间也没有兴趣掉转矛头。马西安第一个行动就是拒付狄奥多西同意支付给阿提拉的贡金。

可怕的冒险

君士坦丁堡城里，新王准备登基，而此时的阿提拉已经聚集起了一支罗马人前所未见的军队。他集合了他的帝国中的所有部落，列着部落名字的名单在过去几年中空前增长，编年史家甚至将来自神话的部落也囊括在这支军队之中，并且不慎重地说他们有 50 万人。50 万人当然不可能，而且阿提拉的军队还是很难与东西罗马合起来的所有军力相匹敌，但是数量也达到了数万人之多。

在他们之中有来自特兰西瓦尼亚山区的格皮德人，他们由他们的国王阿尔达里克率领；3支东哥特人部队来自多瑙河南岸的新家园，这片土地现在已经还给了君士坦丁堡，但它却为匈奴人和罗马人双方都提供兵员，这些人由瓦拉米尔带领，这是一个沉默寡言但又会花言巧语的老谋深算的人，随同他的是他的两名副手狄奥多米尔和维迪米尔；鲁吉安人，他们可能发源于波兰北部，很快就在维也纳北部的山区重新定居；斯基里安人，自从鲁加时代起，他们的步兵就已经形成了匈奴人步兵的中坚，而他们的前任国王埃迪卡自从那次惨败的刺杀事件中证明了自己的忠心之后，现在很得阿提拉的欢心；来自亚速海匈奴人故土附近的阿卡刺里人和赫鲁里安人负有声望的阿兰枪骑兵，他们中的一些在早期征服中就被吸收了进来。除此之外，还有来自莱茵兰的图林根人的军队，以及那些留在故土没有跟随主力一起西迁的勃艮底人，还有从摩拉维亚来的朗格巴德人，他们一度住在易北河畔，后来作为伦巴第人迁到了意大利，并将他们的名字给予了他们在米兰附近最后的家园。

阿提拉现在处于困境。他正要发动一场战争，有几万名士兵要供给。但现在他没有来自君士坦丁堡的资金了，同时还面临着他的长远计划可能会被马西安的军队所破坏的可能。他的这个计划是：先对付西哥特人，然后是高卢，最后踏平罗马帝国。不能再浪费时间了。

但是先要走哪条路呢？

或许马西安是只“纸老虎”，他会在第一次硬碰硬的交锋中就崩溃？但事实远非如此。一支要求帮助的匈奴人使团受到了他的冷遇。正如一篇文章所说的，马西安回答说金子是给他的朋友们的，铁才是给他的敌人的。如果阿提拉维持和平的话，他能期望得到最好的就是“礼物”。如果他威胁要发动战争，他肯定会遇到一支远超过他的军队。

公元450年年底，希望又在现实中闪过，马西安派来了使节阿波罗尼乌斯。但是，当得知他没有带来贡金时，阿提拉拒绝接见他，并送了一封信告诉他留下带来的礼物然后离开，否则就会被处死。

阿波罗尼乌斯是一名将军，也是马西安可以选择的最高级的使臣之一，他可不会被威胁吓倒。他回答说，阿提拉提出这样的要求很正常，他当然有去偷窃和杀戮的能力；而且，如果他想不经过谈判就得到罗马人的礼物的话，那这正是他所需要做的；或者，他也可以表现得像一名外交官，有风度地接受这些礼物。

这是一个判断准确而又大胆的回应。阿提拉仍然拒绝会谈，但他让阿波罗尼乌斯带着他善意的礼物离开了。

阿提拉有一个可以几乎不用战争就能得到他想要的东西的机会。那是一个遥远的机会，但是仍然值得尝试，他手里还有霍诺丽亚的戒指，他还记得海厄森苏斯所报告每一句话。就这样，一个伤心和饱受挫折的女人的疯狂行为激起了同样疯狂的回应。皇帝自己的姐妹来向他求救，而且肯定打算和他结婚——有她的戒指为据；另一方面，她也必定是一位能带来嫁妆的妻子（当然，所谓的嫁妆只存在于阿提拉的想象中）。但这里有两个问题：第一，她必须是自由的；然后她必须得到她一直以来想得到的，也就是成为瓦伦提尼安的共治者。在她嫁给阿提拉之后，他将会得到使这一切都成为现实的权力。

于是，阿提拉行动了。他派使者宣称霍诺丽亚不应该被亏待，如果她不能得到权杖，那他会用武力为她去争取。罗马人回应说霍诺丽亚不能同他结婚因为她已经被许配给了另一个人，而且她也没有权利要求得到权杖，因为罗马的统治权属于男性而不是女性。

在瓦伦提尼安的官员们看来，阿提拉实在是有些异想天开。当毫无余地的回答传到他耳中时，阿提拉的脑袋开始胡思乱想：那就向西方前进吧，并且要尽快阻止来自君士坦丁堡的马西安的行动。他要忘记西哥特人而直接去获取高卢。一旦在那儿获得了胜利，那整个南欧都会处于他的掌控之下，甚至联合起来的罗马帝国也会感到恐惧。

然而，他首先要做的是到达那里。这要求阿提拉进行一次从未尝试过的远征。他要穿越山峦、河流以及森林，这些他在进军巴尔干的时候都已经做过了，但他却从未在一次行动中行进如此长的一段路程。

因此，速度是关键。他所需要的是一场闪电战：迅速插入摩泽尔，然后进行一场越野突袭，这将使他比敌人更聪明、更技高一筹，还能建立到达大西洋的桥头堡。他要这么做就必须要有自己的骑兵，同时还要有在他身后进行肃清工作的步兵。他最好不要携带攻占耐苏时所用的投石机和攻城塔，这些东西会把行军速度拖慢到每天只能前进 15 公里，而且还需要坚硬的道路。他需要在一个月之内横跨整个法兰西，总长超过

700 公里。

但这显然是不可能的，阿提拉陷入了自相矛盾之中。他需要速度，但又要压制那里的城市。快速移动的骑射手在开阔的乡野中对付步兵和缓慢的重装罗马骑兵效果相当出色，但是单单骑马从像特里尔和梅斯这样的堡垒城镇旁疾驰而过是没有用的，这些在城墙后完好无损的军队可以从容地进行报复。他毕竟还是需要有一些围城装置，这意味着需要马车。当然，不管怎么说，为了给弓箭手补充箭枝，他总会需要一些马车，但是重型机械需要坚固结实的车，这就是说需要牛群、饲料以及骑马侍从，而后者也需要供给。在故乡附近还能将骑射手和围攻战结合起来，但远离故土的时候就难以实现了。

这是一场可怕的冒险。如果有可能的话，他当然希望避免一场注定会异常艰苦的冲突。于是，他再次回到了霍诺丽亚这件事上。现在，他的军队正在罗马帝国的边境线上，正如在 1914 年发动战争的德国军队那样。他看起来已经使自己相信他确实有着强硬的立场。他再次派出了使者，带着更高的要求：霍诺丽亚是他正当的妻子——有那枚戒指为证，而且所有的一切也都属于她，因为这是她从她父亲那里继承而来却被她贪心的兄弟剥夺了的。

那属于她而且现在又属于阿提拉的究竟是什么呢？普里斯库斯的记载阐明了阿提拉的立场："瓦伦提尼安应该将他帝国的一半托付给阿提拉。"

阿提拉想要整个高卢，这是一个令人无法容忍的要求。使者带回来的当然又是不可避免的回绝。阿提拉又送出最后通牒，与此同时，他已经在穿越日耳曼森林前往莱茵河的西进的路上了。他的大使告诉瓦伦提尼安:“我的以及你的主人阿提拉通过我命令你，为他准备好你的宫殿。”

最后，罗马得到了这个消息。无法再寄望于阿提拉和埃提乌斯的旧日友情，也没有具有前途的外交交易可用来争取时间。如果不阻止他的话，他将会一直继续前进直到罗马城沦陷。

穿越法兰克

当阿提拉真正发动这场战争的时候，人们才意识到这场战争的结果将决定整个欧洲的命运。实际上，外部对于罗马帝国的高卢行省的威胁已经稳定长达 50 年之久：西哥特人占据了阿基坦，阿兰人、汪达尔人和苏维汇人在高卢北部割据，勃艮底人在萨伏伊，法兰克人在默兹河沿岸，北非丢了，不列颠也失去了，不列塔尼自行其是，巴高达匪徒在野外游荡。但现在，如果他们战败，高卢就真的丢了，那可是当年凯撒大帝亲手打下来的国土啊！

在准备入侵西方时，匈奴人面临着与在 1914 年和 1939 年准备入侵法国的德国人所面临的同样的问题。如果敌人从莱茵河侵入的话，法国有着良好的天然屏障孚日山区，北部有艾费尔和阿登山区。实际上，能够穿过那里的唯一道路是溯摩泽尔河而上，穿过今天的卢森堡，然后进入香槟平原。但是如果军队会受到来自北面的威胁的话（这种威胁来自比利时，或者在当时是来自被法兰克人占领的地区），那插入山区进入法国的心脏地带就不是一个明智的选择。

阿提拉与法兰克之间的关系很微妙。法兰克人的国王已经死了，他的两个儿子正在争夺继承权。哥哥向阿提拉寻求帮助，而年纪大约在 16 岁的弟弟则寄望于罗马的支持，这种支持最后在埃提乌斯那里得到了。

普里斯库斯于公元 450 年底在罗马见到过这个 16 岁的年轻人，并对他的长相感到颇为惊奇："他的胡须还没有开始长，亚麻色的头发是如此之长以至于披落到了他的肩膀。"埃提乌斯收他为养子，这是保障一种坚固联盟的通行方式。然后，那年轻人便满载着礼物和承诺离开了。很显然，他将会得到他要保障王位所需要的帮助，因此他也就投入了罗马的怀抱之中。在自己的右翼有一个罗马的附庸对阿提拉来说并不比德国人在 1914 年让中立的比利时落入同盟国阵营中要好。为了成功入侵法国，德国人必须要除掉"可怜的小比利时"，同理，为了入侵高卢，阿提拉首先必须要压制住可怜的小法兰克。

公元 451 年初，阿提拉的主力沿着多瑙河边界挺进，朝着两岸同时展开，他们步行淌过或是通过浮桥渡过了各条支流，这种浮桥是用从附近森林砍伐来的木头搭建的。而他们中的一支似乎转向了南方然后顺着莱茵河而上，穿过巴塞尔、斯特拉斯堡、施佩耶尔、沃尔姆斯、法兰克福和美茵茨，然后与主力会合，他们走的是一条连接起多瑙河和莱茵河旧日边境的道路。匈奴人最终可能在科布伦茨附近过河，他们沿着河岸砍树制作木筏和浮桥以让他们的马车也可以顺利前进。

公元 451 年 3 月，阿提拉派了一小支军队在那儿收编了那些还没有为罗马人作战的法兰克人。愿意做这件事的代表就是希尔德里克，也就是那个向阿提拉寻求帮助的大儿子，他不久将在法兰克人中间作为一名有声望的国王出现。当然，法兰克人很快就在阿提拉的军队中形成了一支分队，就像他们在罗马人的军队中那样。

关于这场战争的记述都来自于基督徒，因为是基督徒得以让摇曳颤动的文明火炬继续燃烧。这些材料都是日后写就的，而且其中的大多数都是殉难的主教们的圣徒传记，其中想象的成分和历史的真实同样多。

尽管如此，我们仍然可以据此绘制出阿提拉行进的过程。他可能在斯特拉斯堡附近第二次渡河，在那儿他还可能遭受了一些来自勃艮底人的抵抗，但他们受到了主要攻击是在莱茵河与摩泽尔河在科布伦茨的交汇处附近。那年春天，匈奴人以及他们的各色盟友在摩泽尔河两岸向上游挺进，两列队伍沿着弯曲的道路行进，在特里尔的九拱石桥上会合。

的确，他们不可能走得更远了。在行省政府于 50 年前迁到阿尔勒之前，特里尔一直是罗马帝国在阿尔卑斯山以北地区的首府，它作为一个堡垒已经屹立了 3 个世纪。它高耸的城墙连接起 4 扇巨大的城门，这些城门中还有一扇留存至今，据说那是因为一名 11 世纪的希腊修士将自己砌入墙中用一种神圣光环在护佑着它。

当匈奴人到来时，这座北门还闪耀着柔和的黄色光芒。在高卢，无论是当时还是现在，都没有什么比这座高30米、长36米、深22米的防卫建筑更能说明罗马的威力。建造它的石块每块都重达6吨，有些还被骄傲的泥瓦匠在一面刻上了名字和日期。它们被用摩泽尔河的水力驱动的青铜锯切割开，然后不是靠水泥粘合而是用铁夹固定了起来，最后建了3层并且有着144扇拱形窗户和两座低矮的塔楼。

两座带有门和吊闸的拱门引导人们穿过它通向老城以及其中的8万名市民，这是一座微型的罗马城。它的大理石宫殿于公元300—310年按照君士坦丁的标准所建，用了150万块来自比利牛斯山和非洲的瓷砖。这座城市的浴池是除了戴克里先和卡拉卡拉在罗马城建的那些浴池以外帝国最大的，其中包括了锻炼室、热水房、冷水房、温水房、以煤为燃料的火炉和两层地窖。露天运动场可以容纳两万人观看角斗士们的搏斗、狮子吞噬罪犯以及舞台上的戏剧表演，这个舞台是用曲柄从地面传动上来的。直到今天，这些东西依然保存在遗址之中。

这样，特里尔应该可以让匈奴人在他们的前进途中骤然停止了，但是他们却经过了它而几乎没有停留。没有人知道当时发生了什么，有关记述的缺少让我们想到，在阿尔勒成为高卢的首府之后，特里尔的卫戍部队已近耗竭，他们只能将自己的城市严实关闭起来而任由野蛮人在他们身边大摇大摆地通过。匈奴人继续前行，留下了一支后卫部队堵住上游的河谷以防特里尔的守军重新恢复勇气。

无论如何，我们知道的唯一信息是关于他们进军路线上的下一个城镇——梅斯。据记载，一部分匈奴人用一架攻城锤徒劳地锤打着梅斯的城墙，一部分则行进到上游的一座堡垒。在那里，恰好是复活节，消息传来说梅斯部分被削弱的城墙已经倒塌，他们便连夜疾驰回到下游直趋那个突破口，这座城市便于4月8日陷落了。一位神父被带走做了人质，其他人都被割了喉咙，许多人都死在他们着火的房子里。

然后，他们走下了阿登丘陵地带平缓的石灰岩斜坡，来到了平坦的宽阔地带。当时这个地区以卡太隆尼平原或原野而知名。看来匈奴人在沙隆北部发动了一次对兰斯的佯攻。这座古城是高卢的中心城市，是各交通要道的汇合点，现在，城里由奥古斯都所建的凯旋门以及一座广场上都已经寥无人迹，居民们都已经逃到了树林中，但仍然有一部分人同他们的大主教和一些神父抱着乐观的态度留了下来。根据传说，当匈奴人来到主教尼卡修斯面前时，他正高唱赞美诗第119篇。或许他希望这篇有176行的最长的赞美诗能够提供一些特别的保护，但事实证明它没有。当他才唱到第25行——“我的性命几乎归于尘土，求你照你的话将我救活”时，一个匈奴人一剑劈下了他的脑袋。

阿提拉的主攻方向其实是西面的奥尔良。在那里，阿提拉的老对头阿兰人正在随时准备袭击他。匈奴人和他们的马车以远远不及1500年后德国人发动闪电战的速度行进着，他们在乡间每天只能走不到20公里。那里的人们因为恐惧早已四下逃散，有财产的人把他们的财富埋在了地下，富人们在他们设防的宅邸中瑟瑟发抖，穷人们只能逃到树林中和

山里。

他们甚至开始逃往北方一些在匈奴人的行军路线以外的城镇。巴黎人不想被困在他们的河中小岛上，一位圣徒使他们变得清醒，这位圣徒名叫热纳维耶芙。她擅长奇迹治疗和预见未来，这两种能力在匈奴人入侵时派上了用场。她认为这一定是上帝的意愿，只能由祈祷和悔改才能平息他的愤怒。她做了生动的呼吁要求城镇里的人不要放弃他们的家园，而是要指望上帝的救赎。男人们辱骂了她并继续逃跑，但是勇敢的妇女们令他们胆小的丈夫感到羞愧，最后逃跑停止了。看啊，匈奴人没有靠近巴黎。当然了，他们没有必要靠近，因为它不在他们的路线之中。但是巴黎记住了这个质朴的乡下女孩，她消除了会使未来法国的首都变成一片废墟的恐慌，并且使得热纳维耶芙成为这座城市的守护圣徒的名字。

上帝之鞭

在阿提拉大举进军的同时，罗马帝国的军队在哪里？当匈奴人刚入侵时，没有人知道他们的目的地，或许他们的目标是意大利。瓦伦提尼安命令大部分的军队待在他们的大本营里。作为防范，埃提乌斯连同一小支军队被派往了位于罗讷河河口的阿尔勒，他在那里等待着事情的进一步发展，他无疑变得越来越不耐烦了。

现在匈奴人正朝西南方进军，打算穿过开阔平原，越过卢瓦尔河，然后朝南向西哥特人的首府图卢兹前进。这会让他们远离中央高原，而且一旦来到卢瓦尔河的森林之外进入空旷地带，那他们的骑兵就可以发挥完全的优势。

然而，在他们的路上还有两座主要城市：特鲁瓦和奥尔良。

奥尔良是个关键要地，从古至今始终如此。人们说，奥尔良坐落在卢瓦尔河的“膝盖”上，因为这条河在这座城市的最北端转了一个弯。冬天卢瓦尔河成为激流，但到了夏天它又变成一条平缓的水路，通过它可以穿越厚密的橡树森林前往海岸或高耸的中央地带，并且还可以顺罗讷河而下进入地中海。而且奥尔良还是各条陆路的汇合点，其中的一条向南穿过了一座石桥。简而言之，它是进入高卢西北方的大门。

数百年前，恺撒曾将这里付之一炬，马克·奥勒留重建了这座城市，并以自己的名字重新命名了它，后来又转音成了奥尔良。在公元5世纪时，它非常富裕、宏伟和久经世故，远远胜过小小的巴黎，而且也不会为一支出现在附近森林里的阿兰人部族而烦扰。

匈奴人要花3个星期才能走完从梅斯到奥尔良的330公里路程，如果没有遇到什么阻挠的话，他们到达那儿的时候将会是5月初。市民们将自己锁在了坚实的城墙之后准备打一场守城战。同时，一位后来因其功德而被封为圣阿格南的基督徒领袖阿尼安努斯已经急忙前去联系埃提乌斯，他要亲自弄清楚到底能得到什么帮助，什么时候才能得到。

埃提乌斯在阿尔勒，罗讷河的河口。无论走陆路还是水路或者两者相结合，对于阿尼安努斯来说都得花相当长的时间。阿尼安努斯要在卢瓦尔河春季的湍流旁朝上游狂奔 300 公里，再越过圣艾蒂安的分水岭到达罗讷河，然后迅速往下游行 200 公里。而埃提乌斯还要花几乎同样长的时间北上，总共大约需要 5 个星期。时间相当紧张，尤其是当匈奴人并不是唯一威胁的时候，当地的阿兰人突然想起了他们的亲戚是匈奴人的附庸，也曾是这支逼近中的军队的一部分。他们的首领桑吉巴努斯派人送信给阿提拉，说他会帮助他们夺取奥尔良以换取公平的待遇。

阿提拉的军队在特鲁瓦及其附近越过了奥布河与塞纳河。因为这是一支有着马车的庞大军队，所以必须用到每一条可以走的路。他应该注意到了特鲁瓦以北的情况，在那里，塞纳河与奥布河朝着相反方向蜿蜒流淌经过卡太隆尼平原。特鲁瓦是一座满是木头茅草房屋、仅有一两座石头建造的别墅的美丽城市，它没有城墙，因此对于前行中的匈奴人来说它是个唾手可得的猎物。那里还有一座重要的教堂，那是因 20 年前前往后罗马时期的不列颠的传教团成员之一而闻名的主教卢普斯的座堂。后来，这位主教将会变得更加有名，确切地说是声名狼藉，这是阿提拉到来的结果。

阿提拉的军队进入了特鲁瓦，这实在是一个不可能被忽视的提供给养的好地方。毫无疑问，抢掠已经开始。从这里产生了一个传说，在其中事实和虚构的成分被无可救药地混在了一起，但它仍然被当作是历史。根据卢普斯的正式传记，他通过与阿提拉面对面召开的一次会议而拯救了他的城市和他的人民，在这次会议上诞生了一个著名的短语的原型。

假设这次会议确实发生了，卢普斯是如何介绍他自己的并没有被记录下来，但无非就是类似这样的一些话：我是卢普斯，上帝的仆人。对此，阿提拉用完美的拉丁语说了一句俏皮话：“我是阿提拉，上帝之鞭。”

这当然是一个基督徒的篡改，因为这样改过之后，阿提拉的成功也就得到了解释。对于基督徒们来说，一个异教徒战胜了上帝自己的帝国并对抗上帝的意志是不可思议的事。因此，无论异教徒与否，他都必须有上帝的支持，唯一的解释就是基督教世界没有实践神圣的期望因而得到了让自己溃败的惩罚。有一个民间传说讲的是一名被匈奴人抓住的隐士预言了他们的命运：“你是上帝之鞭，但是如果不能取悦于他，上帝会毁灭他的复仇的工具。你会失败，这样你就会知道你的力量不是来自于尘世。”

几乎同样的说法将会被一位千年之后的异教领袖在反对另一个宗教时所用到，当时成吉思汗于1220年冲进了伊斯兰世界。据说他告诉布哈拉的居民们：“我是真主所降临的惩罚。如果你们没有犯下大罪，真主绝不会派一个像我这样的惩罚者降临到你们头上。”在这两个事件中，记录领袖说的话的历史学家带有特别的目的，他们想要提醒信徒们要虔诚。

故事继续进行，主教受到了威胁。因为阿提拉看起来是神圣的惩罚，所以妥协要比反抗更加合适。“有什么凡人可以反对上帝之鞭呢?”他回答道。

因此，双方都发现了对方的可以利用的地方。阿提拉同意放过特鲁瓦，甚至连一只鸡也不带走，而条件是卢普斯必须同阿提拉在一起，直到阿提拉认为时机适合才放他走。如果他的人民想要做抵抗的话，主教将会是一个很便利的操纵工具，或者说，阿提拉在未来某个时间会需要一个讨价还价的筹码。这是一个彻底玷污卢普斯名誉的交易。他是一名人质吗? 正如他自己已经声称的那样? 或者他更大程度上是一名向导，一个现在被称为斯德哥尔摩症候群的早期例子? 患有这种症状的受害者为了自我保护而会变成罪犯的同谋。

与此同时，阿尼安努斯来到了阿尔勒，他竭尽所能劝说埃提乌斯派兵驰援。奥尔良可以坚持一个月，但是不能再久了，在6月14日之后，残酷的野兽会将牧群撕成碎片。“我恳求大人您在预言的日子来临前帮助我们。”埃提乌斯答应了，两位老朋友终于要在战场上碰面了。

阿维图斯的理想

埃提乌斯现在面对的是一项令他很不愉快的任务，他要同那些与自己从小相识的人作战，那些士兵曾经是他的雇佣兵，他和他们一起取得了长达15年的和平。而与他们作战，他必须与阿提拉的敌人西哥特人做朋友，这些人是分散在高卢外围的诸多蛮族中最强大的一支，也是罗马一直以来的敌人。

提奥多里克已经放弃了与阿提拉作战。在过去20年中，他已经习惯成为埃提乌斯的敌人，因此没有希望从他那里得到任何帮助。因此他准备保卫自己的土地、人民以及他的首都——图卢兹。当然，他也没有想过要与经过高卢的敌人领地内的阿提拉战斗。

埃提乌斯知道这一切。为了拉拢提奥多里克，他需要运用一些狡猾的外交手腕，他从皇帝瓦伦提尼安本人那里得到了支持。

事情就这样发生了，有一个住在附近的克莱蒙费朗的人可以担当这项重任。这个人叫作阿维图斯，他是贵族、学者、外交官、未来的皇帝和提奥多里克的朋友。在卸下公职的11年中，他享受着富足的贵族生活，管理阿维塔库姆和其庞大地产以及其中的松树林、瀑布和美丽的湖泊，他不仅追求感官以及思想上的享受，同时还有政治和文化方面的抱负。

他的经验告诉他，光凭军事力量不足以维持帝国。他曾经见过游荡的蛮族定居又迁移。他的办法是：和平应该从罗马式的教育开始。正如O.M.道尔顿在他对西多尼乌斯的信件做的译介中说的那样，他可能相信“蛮族人民和平地理解最先进的文明可能会拯救一个因本身太过衰弱而难以对抗入侵的帝国”。如果这是事实的话，那他一定梦想着建立“一个越来越被拉丁文化影响而高雅化的贵族阶层，这个阶层会使罗马人获得一个更不老于世故的民族的品性，同时也会使他们自己乡村中的人民更广泛地接受意大利文化”。在他的眼中，提奥多里克和他的西哥特人是这个目标会成功的证据。

由于已经带着他的人民结束了游荡生活，提奥多里克现在有了一些与罗马在文明的艺术方面相竞争的雄心。而成为一个在罗马也备受尊崇的人的朋友令他受宠若惊，从他在艾达湖岸的领地向西南行进250公里，阿维图斯给提奥多里克的没有受过教育的穿着毛皮的酋长们以及他的首都图卢兹带来了圆滑的处世之道。年轻的哥特人现在在学习《埃涅阿斯纪》和罗马法。这位贵族甚至为最年轻的和最聪明的另一位提奥多里克提供了亲自的指导。在所有的罗马贵族中，阿维图斯是唯一一个从提奥多里克那里得到热情接待的人。他们是朋友，几乎平起平坐。

高卢的命运，或许也是帝国的命运，现在维系于这三人之间的个人关系上：指挥官埃提乌斯、和平的贵族阿维图斯和对罗马的动机保持机警同时却热衷罗马文化的野蛮人的国王提奥多里克。在阿尼安努斯离开两天后，埃提乌斯与阿维图研开始讨论他的情况。

情况并不妙，因为埃提乌斯希望阿维图斯用他与提奥多里克的和平关系来向他证明这场战争的必要性。阿提拉不是提奥多里克，与他讨论定居、和平和教育都是对牛弹琴。西多尼乌斯的诗歌提起了他们谈论的内容，其中的要点大概如此："阿维图斯，让我向您提出一个请求并不能使我得到新的荣誉。在您的指挥下，敌人们变得和平，而如果战争是适宜的，您就会去制造一场。因为您，哥特人停留在他们的边界之内，也是因为您的缘故他们会去战斗。现在让他们这么做吗?"

阿维图斯这么做了，他带来了来自皇帝瓦伦提尼安本人对提奥多里克的急促的请求，我们可以设想，这位贵族亲自做了传达，约尔达内斯将这封信的内容转化成了洗练的文字：

最勇敢的民族，你们能够联合起来对抗罗马的压迫者是非常明智的，这个人希望奴役整个世界，他发动战争不需要理由，他认为无论自己做什么都是对的。他抢夺任何他能够到的东西，并以肆意妄为为荣，他摒弃了人类的法律和神的法律，显示出自己是所有人的公敌。事实上，这个所有人的敌人应该得到这样的憎恨。我请求你牢记那些你必定无法忘却的事：匈奴人不是凭借战斗获胜（这种战斗的战果是所有人共享的），而是令人不安地依靠背叛取胜。不用说我们了，你的自尊心容许让这种人逍遥法外吗？强大地武装起来吧，留意你的危险，与我们联手。

提奥多里克的回复像一位英雄，他当着酋长们的面宣读了对阿维图斯的回应：

罗马人，你们会得到你们想要的。你们已经使阿提拉也成了我们的敌人。无论他在哪儿对我们挑衅，我们都会进行还击，无论他因为战胜了各个强大的民族而信心百倍，哥特人都知道如何去击退这些专横的人。我不认为战争是一个负担，除非它缺少一个好的理由：有尊严的人无所畏惧。

就这样，外交和个人魅力产生了没有任何战争可以达成的结果：一支可以对抗最庞大的野蛮人军队的力量。"以后的人们会相信吗?"阿维图斯的女婿西多尼乌斯后来评论道，他急切地断言外交比武力要更为重要："一封罗马人的信瓦解了一次野蛮人的征服！"

因为他这番豪言壮语，提奥多里克得到了一份应有的奖励。"贵族们高声称赞，而人民也欣喜地跟从。"他们不再只是防御而是前进，要将阿提拉阻止在他的进军路线上，提奥多里克带着"一支由无数人组成的主力军"，而侧翼有他的两个儿子——陶里斯蒙德和提奥多里克，另外四个儿子则在守护家园。

“哦，强大的军队，”约尔达内斯这样评说（他自己也是一个哥特人），“甜蜜的同志友谊，从那些他选择与之共担危险的人们那里得到帮助和安慰吧！”

险胜

现在，时间不多了，埃提乌斯派了信使去每一座主要城市和每一支在高卢找到了新家和新生活的蛮族部落。阿提拉越来越大的威胁为罗马赢得了新的盟友：雷恩的法兰克人、普瓦捷和欧丹的萨尔马提亚人，还有撒克逊人、利提先人、勃艮底人和其他现在已经难以了解清楚的部族，此外甚至还有一些来自不列塔尼的狂野的巴高达人。他们之中不少人对阿提拉的前进有着自己的评价，因为商人们会带来消息，而且蛮族部落也有朋友和亲戚在为阿提拉作战。

在罗马人和蛮族军队联合起来后，有些事没有被记录下来。他们与匈奴人朝着奥尔良赛跑，这场比赛埃提乌斯只赢了一点点，可能只有一天，或者更可能是几天，但这样他们就可以有足够时间把优柔寡断的阿兰人首领桑吉巴努斯吸收入他的军队并且“在城市周围大修土木工事”。

有人说匈奴人捷足先登了，这是不可能的，但是这会让关于阿尼安努斯的好戏继续发展下去，阿尼安努斯在完成去阿尔勒的任务归来后回到了城里。

当匈奴人兵临城下时，市民们跪倒祈祷（当然，这是基督徒的记述），阿尼安努斯两次派心腹仆去城墙上看援军有没有到，可他每次返回时都耸耸肩。阿尼安努斯派了一名信使去找埃提乌斯："去和我的孩子埃提乌斯说，如果他今天再不赶到，那他就来得太迟了。"阿尼安努斯怀疑了他自己及他的信仰。但是之后，谢天谢地，一场风暴使得这场攻击延迟了三天。

但是，埃提乌斯仍然没有到，这座城市准备要投降了。他们派了信使去向阿提拉提出谈条件。"条件？没有条件。"阿提拉说道，然后送回了那些吓得半死的使者。城门打开了，匈奴人几乎已经进了城，这时城墙上传来一声大喊，紧接着尘土腾起，鹰旗飞扬，罗马骑兵疾驰前来援助。"这是上帝的援助！"主教大喊道，人群也跟他重复着，"这是上帝的援助！"桥梁被重新夺回，河岸被肃清，入侵者被一条街一条街地从这座城市里赶了出去。阿提拉只好下令撤退。这就是那一天，6 月 14 日，阿尼安努斯给埃提乌斯的最后期限。

这样一次险胜使得基督徒大肆添油加醋地进行了宣传，因此也并不太迎合历史学家们的偏好。但是其中可能包含了一个事实因素，因为西多尼乌斯也提到了它，而他是同时代的人。西多尼乌斯在公元 478 年写信给阿尼安努斯的继承者普洛斯珀，他在信中提到了这场战事，并明确指出，当时奥尔良遭遇了阿提拉的攻击，危在旦夕，但却并没有被毁灭。

无论在埃提乌斯和提奥多里克到来之前，匈奴人是否真的已经进入了城墙里面，毫无疑问的是他们的到来拯救了这座城市。这次事件将会在未来与这座城市的祈祷者联系起来，圣阿格南的遗骨在 1562 年被胡格诺派焚毁前一直受到崇拜，在那个时刻，这座城市将他们的感情交给了更为有名的圣徒——圣女贞德，她在一个世纪前从在英国人的围城中拯救了这座城市。

在某种程度上，阿提拉是否真的袭击了这座城市并不重要。他的探子应该已经告诉了他这座城市新建的防御工事和即将来到的援军。他不可能绕过埃提乌斯和哥特人，而要想轻易取下这个防守精良的城市也毫无机会，最后他也没有得到来自桑吉巴努斯的援助。这是一次战略撤退，匈奴人从卢瓦尔河的森林退到了开阔地带，在那里，阿提拉可以按照自己的想法作战。

决战时刻

奥尔良之战结束一个星期之后，在 160 公里以外，匈奴人接近了特鲁瓦。马车在尘土飞扬的路上疾驰，士兵们在开阔的乡野形成一道屏障，骑射手们分布各处，而埃提乌斯的军队在侧翼虎视眈眈，等待着机会。

决战一触即发，地点将由两支军队的先头部队遭遇的位置决定，罗马阵营中的先锋是法兰克人，而匈奴人阵营中的先锋是格皮德人，他们在阿提拉的撤退中担任向导。双方碰面了，地点在夏特尔村，他们在那附近打了一场遭遇战。

夏特尔在卡太隆尼平原上，那里的主要城镇是沙隆。因此，即将到来的那场战斗也经常被后世的历史学家们称作沙隆战役。

现在是该做决定的时刻了。阿提拉处于防御之中，而且他的军队也疲惫了。走哪一条路更好？是冒失去一切的风险作战，还是继续撤退择日再战？但可能已经没有另一天了。一支从敌人的领土上撤退的军队像生病的畜群，很容易成为猎物。除此之外，逃跑即使是可行，但也难以为一名武士所容忍，而且这样做的话一名领袖的权威也将无法保持。

这难道就是那个被预言的国家崩溃的时刻？而从这次衰落中年轻的艾纳克将会崛起成为新的领袖？他的巫师们会知道。于是，巫师宰杀了牛，将内脏仔细地检查，刮擦牛骨，分析鲜血的纹路。最后，他们预言了这场灾难。

巫师们在带来坏消息的同时也带来了好消息：一位敌军领袖将会死亡。在阿提拉眼中只有一位敌军领袖：他的老朋友和新敌人——埃提乌斯。这样，埃提乌斯的命运就被注定了。这对他来说确实是件好事，因为阿提拉想要埃提乌斯死，即使陪上自己的性命也在所不惜，因为埃提乌斯挡在了他的计划之前。然而如果阿提拉避战的话，埃提乌斯又怎么会死呢？

阿提拉有着大量的半可靠半不可靠的来自各臣属部落的军队，而他的笨拙且又不可或缺的马队满载着补给。但他也有匈奴人的特殊武器——骑射手。

这天是 6 月 21 日。战场是在梅里附近的开阔平原上，这块平原朝着东方和北方起伏绵延而去。匈奴人必须避免被赶到左侧，因为在那里他们会陷入奥布河与塞纳河交流处的三角地带。他们会像在阿德里安堡的哥特人那样战斗，有一个马车组成的临时防御阵地作为供给的基地，而骑射手则发动他们的旋风向敌人的重装军队攻击。匈奴人背靠河，对着追来的罗马军队在整个平原上展开战斗队形。阿提拉将自己置于中间位置，他的主要盟友——瓦拉米尔和他的东哥特人以及阿尔达里克与他的格皮德人则分布在两边，其余十几个部落的首领在后面待命。

在罗马人这边，埃提乌斯和他的军队负责一翼，提奥多里克和他的西哥特人负责另一翼，而不可靠的桑吉巴努斯则位于中央。

他们的视线都能够穿越平缓起伏的平原将对方阵营完全纳入眼中，他们也能看清楚对方的战略。阿提拉希望他的弓箭手能够突破罗马人的中心；埃提乌斯则希望自己强大的两翼能够冲人弓箭手的后方，将他们与他们的供给切断。

就在附近，平原在它的略微起伏中隆起一块高地，这提供了一个有利地形，阿提拉可能没有及时发现它。当他发现并命令一支骑兵去占领它时，埃提乌斯已经做好了准备。或许是因为偶然，或许是因为计划精明，埃提乌斯已经比阿提拉更加靠近那块高地。由提奥多里克的长子陶里斯蒙德率领的西哥特人骑兵第一时间到达了高地，迫使匈奴人从低处的斜坡上匆忙撤退。

埃提乌斯赢了第一回合。除了一场正面交锋外别无办法。阿提拉重整了军队并向他的士兵们发表了一次简短的演说，哥特人约尔达内斯将它逐字地翻译成了拉丁语。结论是显而易见的，国王的确是说了些什么，而且这些话可能确实被人们记住并且在民间传说中流传了下来。但是约尔达内斯是在一个世纪后写的关于这场战役的著作，当时匈奴人已经离开很长时间，这么看来，阿提拉实际上说了什么只是人们的猜测。如果阿提拉在这儿让人想起了亨利四世，这也只是莎士比亚版本的亨利四世，而不是事实。下面就是约尔达内斯所记载的演说内容：

在你们征服了那么多的民族之后，我相信我作为你们的国王再用这样的话来激励你们简直是愚蠢——不，是无知。除了战斗之外你们还能做什么？对于一个勇敢的人来说还有什么比亲手杀死仇敌更加爽快的事？蔑视这个各种族组成的内部不和谐的联盟吧！看，他们排成一线连接他们的盾牌不是为了避免受伤而是为了挡住战场上的灰尘。战斗吧！点燃勇气让你们的怒火爆发！现在展现你们的强大吧，匈奴人，显示你们战斗的实力吧！如果上天不准备让我们体验战斗的乐趣的话，那他为什么要让匈奴人取得那么多的胜利呢？是谁向我们的祖先显示了穿过麦奥提克沼泽的路，又是谁让武装的人向当时还没有武装的人屈服？我将投出这第一支长矛。如果有人在我阿提拉战斗的时候站着不动，那他就会死。

当然，这些话不可能是完全真实的。约尔达内斯非常想要抓住一些那种长期以来灌输给武士们的拼死战斗的精神，如苏族人的战斗口号“今天是去死的好日子”；麦考利维多利亚风格的史诗里霍拉提乌斯的“对一个男人而言还有比面临可怕的逆境更好的死法吗”？还有年老的盎格鲁一撒克逊人在公元 991 年马尔登战役前鼓舞他的跟从者们反抗维京人的言辞：“勇气会越来越高涨，意志会更加清醒，当我们的心脏停止跳动时，它会跳动得更加猛烈。”

在这场战役中有什么类似的豪言壮语呢？约尔达内斯用堂皇的言辞

记录了下来，这种言辞以各种各样的语言在许多场战役中再现。通过翻译，它甚至毫不费力地变成了自由诗体：

> 在激烈的战斗中，他们短兵相接撞击在一起，
> 混乱，惊人，冷酷无情，
> 一场令以往的记述都黯然失色的战斗。
> 多么伟大的功绩啊！
> 错过了这次奇迹的英雄们再也没有希望会碰到这样的战争。

一些带有少量事实的生动细节经过岁月沧桑保留在了民间传说里。“老提奥多里克被战马抛在地上消失在混战之中，他被他自己的西哥特人部下踩踏致死。”

夜幕渐渐降临，到了这一年最长的一天的傍晚。匈奴人骑射手的旋风战略对罗马人和西哥特人的阵线没有多大的影响，他们仍然可以继续挺进。他们突破了匈奴人的骑兵编队，杀出一条血路闯入了保护马车的后防线。

在私人卫兵的簇拥下，阿提拉从人群中后撤来到了后方由马车围成的堡垒。他身后还有麻烦，陶里斯蒙德穿过缺口冲了过来，他在昏暗中迷失了方向，以为自己回到了自己一方的战车那里，直到有人在他脑袋上给了一击将他敲下马来。如果不是他的一个手下将他拖到安全地带，他就会像他父亲那样死去。

夜晚已经到来，混乱停止了。士兵们寻找着自己的同伴并在四散的营帐中安顿下来。骑马的和走路的人在四处搜寻他们的同伴，却不能辨别谁是朋友谁是敌人除非他们说话。埃提乌斯本人走失在匈奴阵中，但好在没有被他们认出来，直到他的马在尸体上跌跌绊绊地走到了一个哥特人的营地，把他送到哥特人的盾牌搭成的安全地带，或许他还在这个短暂的夜晚睡了几个小时。

还有一些事情约尔达内斯没有提及。清晨的曙光应该能够见证一幅壮丽景象：哈雷彗星在东北方升起，先出现的是彗尾，它像是一个探照灯正扫视着前方的天空。在哈雷慧星的映衬下，幸存下来的罗马人看到的是一幅满是灰尘的荒凉景象：到处是尸体，失去骑手的马匹在吃草，匈奴人安静地躲在他们的马车后，奥布河的河道被一列穿过平原的树标界着，滚滚河水消失在晨光中。

埃提乌斯的考虑

战争形成了僵局。优势在罗马人这边，因为他们好歹是在自己的家园，可以保持供给不断，而且能够围困匈奴人直到饥饿将他们消灭。

但这需要时间。阿提拉没有显示出要放弃的迹象，这引起了约尔达内斯的荷马式想象:“他像一头被长矛刺中的狮子，在洞穴口来回踱步不敢跳出来，他的吼叫并不能吓住他的邻居。即使这样，这个被困的尚武国王依然能震慑那些被他征服的人。”罗马人和哥特人进行了改组，更加接近了匈奴人，并且开始了包围，迫使匈奴人们在一阵阵连续的箭雨中不敢抬头。

阿提拉想到了另一个可能的结局。他的巫师已经预言了一名指挥者的死亡，这个指挥者最后可能不是埃提乌斯，而是阿提拉自己。他要为自己准备一场以杀戮做祭品的英雄式的死亡，仿佛他将要进入匈奴人的被杀武士的殿堂。他命人准备了葬礼用的马鞍和木柴。顺便指出一点，匈奴人的马鞍是木制的而不是皮质的。当然，他也在准备对付罗马人的大举进攻。他们不可能活捉他，永远无法得到杀死他或看他遍体鳞伤的满足感。

与此同时，正在胜利看来唾手可得时，西哥特人惊讶地发现他们的国王没有在领导围攻的军队。他们到处找他，最后在一堆尸体中发现了他。在围攻继续进行时，他们把他的尸体抬到一口棺材上，在陶里斯蒙德和弟弟的带领下，为他进行了一场沙场葬礼以及哀悼仪式。“他们发出刺耳的哭声，”约尔达内斯这样写道。他们的队列看来是在匈奴人的眼皮底下缓慢地行进，以显示他们为阵亡的首领感到骄傲。“这确是死亡，但匈奴人也见证了这是一次荣耀的死亡。”

约尔达内斯说有 16.5 万人死于两天的战斗中，另外有 1.5 万人在前一夜的法兰克人与格皮德人的遭遇战中阵亡，总共有18万人死亡。这在城镇只有寥寥几千人口的时代是一个可笑的数字。乡村不可能为这么多人提供补给。没有人知道究竟有多少人死亡，但即使损失人数是约尔达内斯的数字的1/10，那仍然是相当巨大的。两支军队各有2.5万人，或许有1/3死亡，大约1.5万人；而在他们其中，正如巫师所预言的，还包括一名指挥官。尽管两位主角埃提乌斯和阿提拉逃出生天，但再战的一天仍会到来。

陶里斯蒙德现在想要最后做个了断，但是更加年长而智慧的埃提乌斯则有着更加长远的战略，这包括要做一件十分令人震惊的事：让匈奴人脱身。

这需要花费一些努力并用一些绕弯的逻辑才能弄清楚为什么。西哥特人是罗马人的传统敌人，他们只是因为面对来自阿提拉的更大的危险才加入了同盟。如果现在把阿提拉推翻并且把他的帝国彻底消灭，那会使西哥特人处于有利的地位，而且这是个像匈奴人那样大的威胁——事实上他们的威胁要来得更大，因为埃提乌斯认识匈奴人中的长者并且认为他能够再次与他们打上交道。他同样也了解西哥特人，而且无论阿维图斯如何声称他们的野心应该被考虑成是文明化的，他都不信任他们。埃提乌斯开始行动了。他开始走自己的路，并且肯定西哥特人会变成为下一个威胁；像以往那样，他需要匈奴人的帮助来限制他们。现在的这种不确定的权力平衡关系要比日后冒全部毁于一旦的风险更好。阿提拉要的只是半个帝国，而西哥特人会要全部。

当然，他不能把这些打算都告诉陶里斯蒙德。相反，他提醒西哥特王子考虑一下他在家里的兄弟们，一旦他们知道了父亲的死亡，如果长子陶里斯蒙德不能在场要求王位的话，谁知道在继承问题上会有什么样的争论爆发？他最好咽下心中的怒火，中断交战立刻回家去保证继承王位。他不必担心战局，罗马人现在可以单独对付匈奴人。他向他的法兰克盟友也提出了同样的观点：幸存的匈奴人很快会回家，他们会直穿或者绕过阿登山脉，这会使他们处于能够扩展自己对这个地区控制的最好位置，除非法兰克人强大到能将他们拖延住。因此，对法兰克人来说最好也是回家。

两方都同意了。就这样，令匈奴人惊奇的事情发生了，箭雨停止了，西哥特人向西南行军 350 公里后返回了图卢兹，法兰克人前往比利时，一切归于了平静。阿提拉的军队想要弄明白这究竟意味着什么。他们了解这种撤退，因为他们的弓箭手在上个世纪也多次用过同样的战术。这一定是个陷阱，于是他们在原地不动。

但是随长时间的寂静而来的是敌人的离去，这位强有力的国王的精神被胜利的想法唤起，他又想到了关于他命运的神谕。一名指挥官已经死了，他，阿提拉，就注定要活下去。神谕没有说要继续战斗。于是，匈奴人的马车开始在安全的道路上离开，他们经过特鲁瓦回到了摩泽尔河、莱茵河以及远方的匈牙利。

可能卢普斯与阿提拉的撤退有关系。那段时间，无论是被迫还是自愿的，卢普斯都是人质和向导。或许，为了拯救自己和他的城镇，他选择在战场上提供建议。现在，既然已经生存下来，他会建议如何进行最佳的撤退，并且让被击垮的匈奴人们尽快从特鲁瓦离开。如果是这样的话，那他起到了作用，尽管这并不对卢普斯本人有利，如果在他的生平事迹中有什么是真实的话。在目睹了阿提拉安全地返回莱茵河后，他被允许回到特鲁瓦，正如承诺的那样，但他得到的却不是兴高采烈的欢迎。

他给他的人民带来了所有的利益，而他从他们那儿得到的只是拒斥；他不仅没有受到市民们的欢迎，即便是他使他们远离了财产和生命的损失而应得的，反而因为人们看到他带领阿提拉去莱茵河而使自己受到了蔑视和不满，仿佛他和阿提拉是一伙的。正因如此，这位圣徒退到了塞纳河畔的夏提隆旁的拉索瓦山。

然后，经过忏悔，他回到了特鲁瓦度过了生命中最后的 25 年，他死前得到了原谅，得到很好的口碑并且被给予了很高的荣誉，最后还被封为圣卢普，他的名字在整个法兰西被用来命名几十座城镇、山峰和教堂以作纪念。

这场决定着欧洲命运的战争结束了。高卢保存了下来，而阿提拉也依然活着，准备为明天而战。

第七章

目标——罗马城

虽然胜负只在一线之间，但阿提拉的远征终究还是失败了，罗马依旧是罗马，永恒之城依旧只是遥不可及的目标。但阿提拉并不死心，他找到了一条新路，不再挑战老朋友埃提乌斯。不过，他的目标仍旧是罗马，仍旧是永恒之城。

舔舐伤口

卡太隆尼平原战役通常被看作是世界历史中最伟大的决定性战役之一，这场战斗击败了阿提拉从而拯救了西欧。但事实并没有那么简单。这不是一次斯大林格勒保卫战，不是一个阻止蛮族入侵者前进方向的转折点，而更像是一场匈奴人的敦刻尔克大撤退，也就是一支强大的军队从战斗中逃离。奥尔良是转折点，正如阿提拉在避免行动而转身离开时所看到的那样，但是这并不足以让人得出最后的结论。从那以后几个星期，他尽可能地保证自己军队的战斗力。有人说，卡太隆尼平原战役是阿提拉的最后顽抗，但实际上这个说法并不准确，因为他确实带着自己的大多数部下回到了匈牙利。

如果他胜利了又会怎么样呢？在奥尔良失去主动权之后，他最多只能在高卢留下一个桥头堡，而卡太隆尼平原地带会提供非常有利的草原和合适的土地供他的骑射手们展开军事行动。但要让这种优势发挥作用，他还必须要想办法控制梅斯、特里尔和摩泽尔河通往莱茵河的走廊。那是他的供给线，是能够在以后攫取整个高卢时供养他的动脉，而高卢是作为霍诺丽亚的嫁妆的半个帝国。现在那一切都失去了，至少暂时是这样。他已经侥幸脱险了，而且纯粹事出偶然——他不会知道埃提乌斯决定放他走的政治原因同提奥多里克的死有关。

在那个混乱的时代，没有人将这场战役的重要性上升到后人所评价的高度。在同一年的马赛，一位编年史家记录了他所知道的这次事件。我们只知道这位无名贤者是公元452年的编年史家，是一位虔诚的基督徒，他的目标是续写哲罗姆所著的截至公元4世纪末的历史。然而当他在最后一章提到这次事件时，他所写的仅仅是:“阿提拉入侵高卢并且要求一名似乎是他应得的妻子。他在那儿受到打击并遭受惨败，然后就撤回了他自己的国家。”

学者们发现他已经知道了霍诺丽亚的丑闻，而且显然并不怀疑其真实性，他们对他没说的事同样也深感兴趣。因为这不是叙述故事，而是一份编年的清单，我们必须猜测他赞成的是什么以及不赞成的是什么。他于公元452年结束他的记述，当时埃提乌斯仍然是帝国最有权势的人，但是他没有提到伟大的埃提乌斯赢得了一场决定性的战役，因为在他的著作中，埃提乌斯看起来并不像一个救星。

“这个时候，国家的情况显得相当悲惨，因为没有一个行省没有蛮族居民，而且还有糟糕透顶的阿里安异端，他们同蛮族国家结盟并渗透到了整个世界，并自称为大公教会。”最关键的是，阿提拉仍然是活蹦乱跳的，这是个很糟糕的消息，因为他在这个时刻正策划着可能远比之前那次更加严重的入侵。简而言之，整个世界都将被毁灭，而这都是埃提乌斯造的孽。

公元 451 年秋，阿提拉返回了他在匈牙利的总部，那里的木头宫殿、用栅栏围起来的屋子、奥内格修斯的浴室以及围绕成一圈的帐篷和马车看起来还是那样亲切。他会高兴地坐在那儿享用他从高卢战争中带回来的战利品吗？换一个人的话可能会这样，但阿提拉没有。他已经得到了教训，应该安定下来巩固帝国，如果培育得好，那它将会变成一个同罗马和君士坦丁堡并立，并与两者有贸易往来的帝国。但阿提拉不是成吉思汗，他不会计划稳定下来并将自己的梦想强加给部下和附庸们。他为自己所处的环境所困。在经过了几个星期的不光彩的撤退之后，丝绸、葡萄酒、奴隶和黄金早已所剩无几，他的众多部落的酋长们也已经开始骚动了。没有人记载他在那个冬天做了什么，但是我们可以推断出他做的并不是什么好事。

公元 451 年夏，皇帝马西安召集他的 520 名主教于秋天到尼西亚开会，解决争论不休的关于基督本性的问题，据说他本人希望亲自前往，“除非是一些特别紧急的国家事务将他阻拦”。然而“特别紧急的国家事务”还真的发生了，出现问题的地方正是色雷斯。

马西安被一些事务吸引到了多瑙河边境，这次会议的集会场所也因此被迫从尼西亚改到了卡尔西顿，这是一个在君士坦丁堡对面相隔了赫勒斯滂海峡的安全地点。但仍然有一些事阻止了主教们从多瑙河边境前往卡尔西顿。如果这些事指的是从高卢落败而回的阿提拉的话，那他这么做还不足以保持资金的流入，因为这是匈奴人曾经反复劫掠过的同一个地区，它们早已被榨干了。

卷土重来

到目前为止，阿提拉知道了他的主要敌人——罗马与西哥特人有着不可靠的联盟，他们两者只会在共同保卫高卢时联合起来。如果他能保证他的敌人只是罗马的话，胜利自然唾手可得，就像在奥尔良时没有阿维图斯、提奥多里克和西哥特人时那样。像所有的独裁者一样，他一定知道他那松散的联盟只有在更宏伟的景象前并且被许以更伟大胜利的保证时才会被凝聚在一起。还有什么比罗马城本身更伟大的前景呢？这座城市非常脆弱，这一点人所共知，因为40年前，它曾被西哥特人占领过。

但沿着这条路还有其他诱人的目标，特别是守护着从匈奴人占领的潘诺尼亚进入意大利的要道的城镇。他首先碰到的是一个较小的战利品——斯洛文尼亚的卢布尔雅那镇，一旦占领了这座小镇，就打开了前往虽然狭小但却具有重大意义的伊松佐河的通道，这条河是意大利的传统边界，而且正因为此，在第一次世界大战时这里进行了不下12场的战役。在伊松佐河南部尽头有着令匈奴人感兴趣的东西。

堡垒城镇阿奎莱亚有着在帝国东北角保卫家园的骄傲历史。大约在两个世纪之前，那里的女人们加入了镇压叛乱者马克西明的战斗，她们捐献了自己的头发来充当防御器械中所需的绳子。一座庙宇以“光头的维纳斯”来命名，目的就是要表彰她们的荣誉。作为亚得里亚海沿岸最富庶、最强大以及人口最多的城市之一，阿奎莱亚从建成之日起就是通往东方的大门，是连接南方罗马和北方阿尔卑斯山关隘之间的陆路枢纽以及来自亚得里亚海的水路枢纽。

因此它远不只是一座军事基地。它繁荣的商业生活归功于一个巨大的犹太人社团的出现，这个社团在拉丁语文献中被称为“奥林塔里”，他们可能是最早的定居者。无论如何，他们引入了丝织、染色工艺，特别是玻璃制造，这种工艺在中东地区已经有2000年的历史了。而且，他们还修建了5公里长的运河，这条运河从海边起始穿过了伊松佐河的沼泽河口。这一史实被一位美国犹太商人、哲学人类学家和对玻璃制造的历史有着特别兴趣的学者塞缪尔·库林斯基在一篇论文中进行了分析。“这个犹太人社群，”他写道，“可能是犹太人大流散后形成的最大的和最具经济影响力的社群之一，仅次于罗马和亚历山大两座城市的犹太人社群。”

自然地，因为这座城市罗马人占大多数以及基督教的不断成长，犹太人受到了压迫，这主要是发生在公元4世纪晚期的主教克罗马乔主教时期。这名主教于公元388年批准了焚毁犹太人教堂的行动，而圣安布罗斯却在反犹主义的立场上为他进行了开脱，说这是“上帝授意的行动”。

随着时间的流逝，基督教建筑代替了犹太人的建筑，其中的一些在

20 世纪 40 年代之后陆续被考古学家发掘了出来。人们经常不顾它们的犹太人主题风格，而将其描述为“旧基督教”或“异教”。在这些发现品当中有些是奢华的马赛克地板，其中有一块在后来建造的基督教教堂的钟塔正下方，另一块则超过 800 平方米，是当时最大的马赛克地板，它位于教堂之下。旁边是一座内衬大理石的八角形典礼沐浴池，一眼泉水往这个浴池中贯注着水，根据犹太人法典的规定，它有着 6 层台阶。

在库林斯基的指引下，阿奎莱亚的玻璃制造匠们值得我们分散一下注意力。当犹太人来到亚得里亚海岸的这些海湾时，这门技艺对于欧洲人来说还是个谜，因此他们的产品在广阔的区域内受到欢迎，从而引来了一些基督徒的嫉恨。圣哲罗姆，他暂时住在阿奎莱亚，抱怨玻璃制造业变成了“闪米特人攫取罗马人的世界”的一种贸易方式。最近的发现令专家们震惊，因为它们是最早在欧洲被制作出来的玻璃制品，更令人惊奇的是，其中的一些玻璃制品上还保留了它们骄傲的制造者的名字，他们有些是奴隶，而且其中至少有一个是女人。两件玻璃容器在林兹被发掘出来，这是一座位于跨越道罗迈特斯山的罗马商路上的多瑙河流域城镇。它的模子上还有一句短语：散提亚 2 号制作阿奎莱亚的玻璃。

这座富饶而又重要的城市的坚固结实的城墙经常遭到包围，但却从来没有被夺取过——只有一次例外，那是在公元 401 年阿拉里克率领着他的西哥特人向罗马进军时。如果阿拉里克能做到，阿提拉自然能够做到。而且，正如阿提拉的探子告诉他的那样，确信自己已经将匈奴人赶回他们的笼子里的埃提乌斯并没有命令这座城镇做战争准备。

围城

战斗于公元452年6月底到来。我们之所以能推断出这个时间得归功于教皇和一些鸟。教皇利奥一世在5月和6月写信时没有提到入侵意大利的事，因此战争的发生不可能比这个时间更早；而且阿提拉的围攻也不会来得更晚，因为来自一份未必可靠的材料告诉我们，一些鹳雀在阿奎莱亚的屋顶筑巢。

这个故事提到这些鹳雀是因为这不是一次速战速决的围攻战。阿奎莱亚的市民们不需要从埃提乌斯那里得到命令：有着沿着下游通向大海的良好入口，他们知道如何应付一场攻击。等待了两个月之后，阿奎莱亚维护了自己的声誉。

阿提拉一定已经听到了他的将军们的嘀咕声：这还要持续多长时间?葡萄园和果园还有谷物茂盛的田地能够供士兵们度过夏末，但是战利品在哪里?

约尔达内斯引用了普里斯库斯讲过的话，继续讲这个故事：

军队已经开始小声抱怨并且希望离开，这时，阿提拉绕着城墙走着，一边思考他是否应该班师回朝还是继续待下去。这时他注意到一些白色的鸟，也就是鹳雀，它们应该是在屋顶上筑巢，但与它们的习性相反，它们却把自己的幼雏带离了城市，带入了乡间。作为一位极其精明的探究者，他有了一种预感，并且告诉他的人：“看那些鸟，它们预见了将要来临的事，从而离开了快要灭亡的城市，抛弃了具有危险即将沦陷的要塞。不要以为这没有意义，这是确定的事，它们知道将要发生什么，惧怕未来使它们改变了习性。”

这个吸引人的故事中会有真实成分吗？这有可能，因为匈奴人确实会寻找并尊重预兆，不管是自然的还是人为的，就像在卡太隆尼战役之前从血迹中读出征兆那样。因为罗马人和野蛮人都一样，鸟被看作是有预示性的生物，特别是乌鸦、猫头鹰和鹳雀，就像喜鹊对于我们所具有的意义“一只代表悲伤，两只则表示快乐”一样。

鹳雀的确是有习性的动物。它们总得来说并没有什么旧巢，它们是候鸟，为了过冬而往南飞。白鹳雀会在 8 月中旬和 9 月初离开它们在欧洲的巢前往非洲大陆，幼鸟首先离开，它们之后循迹跟上。西方种群沿着一条线路飞，而东方的则沿着另一条线路，它们都是环绕着地中海飞行，两个种群以惊人的精确性被北纬 11 度线分隔开来，这条线仅在阿奎莱亚以西 200 公里处。西方种群飞往西班牙，东方的包括阿奎莱亚的这些鹳雀则穿越土耳其和死海前往尼罗河流域直趋南方。

阿提拉来自匈牙利，一定很熟悉这些东部的白鹳雀的习性；他的巫师们也一定如此，正如我们从卡太隆尼平原所知的，这些巫师和他的侍从们待在一起。一名聪明的巫师可能会寻找一个可靠的迹象来支持阿提拉脑袋里所想的无论什么事。看起来这些鹳雀并不太了解关于围城战的个中内幕，可能是烟尘或它们建巢屋子的坍塌而早早地把它们赶了出来，这使得我们可以把这个时间确定在阿奎莱亚围城战期间，那正好是 8 月中旬的前几天。一名了解阿提拉希望得到什么的巫师想出一个继续围城的理由，这种想法看起来并不太牵强。还有什么比宣称一场不可避免的胜利更能取得信任呢？还有什么比自然的力量更有力的证据能昭示这座城市必定到来的陷落，就像老鼠昭示着一艘船即将面临的沉没那样？

无论是谁对谁说的，无论说了什么，这一企图都达到了它的目的。匈奴人的士气恢复了，并再次起用了仅仅 5 年之前也就是公元 447 年夺取耐苏城时发展起来的战术。“还有什么好说的？”约尔达内斯评论道，“他燃起了士兵们对阿奎莱亚进行新一轮攻击的热情。”一个围城辎重队成形了，它包括投掷大石块的投石器、“蝎子”（一种发射一米长的箭的重型十字弓）、在掩体下锤打的攻城锤，它们在令人印象深刻的短时间内突破了阿奎莱亚的城墙，而这座城市则陷入了灭顶之灾，匈奴人毁灭了这座城市，使它被碾得粉碎并且遭到极其野蛮的破坏以至于几乎没有留下任何遗迹可循。

再次妥协

当阿提拉取得进展的同时，埃提乌斯和罗马人在干什么呢？历史学家源普洛斯珀的记载告诉我们：他们什么都没做。普洛斯珀是阿基坦的编年史家和种学家，他后来成为了罗马宗教和文学上的重要人物，他可能是在教皇利奥一世的宫廷中做事的官员，他是个有着突兀但又简明的想法的人。

对于他来说，埃提乌斯是个游手好闲的懦夫。他没有做任何准备，他没有照看好阿尔卑斯山的防线。如果他的羞耻心还没有使他振作起来的话，他一定已经急着赶到皇帝那里寻求安全。然而，我们不能也没有必要把这种说法当真。普洛斯珀有一种要贬低埃提乌斯的企图，这样就能使他的主人教皇能够在即将来临的事件中站在聚光灯下舞台中心，与上帝并肩。事实是罗马帝国从没有防御过阿尔卑斯关隘，因为它太过宽阔难以成为易守的阵地。意大利在公元 5 世纪被入侵 6 次，其中没有一次入侵者在达到伊松佐河和阿奎莱亚之前遇到了抵抗。

在阿奎莱亚沦陷后发生了什么同样有些模糊不清。阿提拉显然又在附近区域袭击了几个较小的城镇——康考迪亚和阿尔蒂努姆也在其中，但是他没有朝帝国政府所在的拉文纳进军。或许他认为这个目标太难啃了，或许他可能知道皇帝当时正在罗马。无论如何，他沿着波河流域的边缘朝北而去。

为了不遭受阿奎莱亚的悲惨命运，各个城市都直接打开了他们的城门，如帕多瓦、维琴察、维罗纳、布雷西亚、贝加莫以及米兰。匈奴人焚烧毁掠如此之盛以至于市民们得到了足够的时间逃跑。根据一份记述，阿提拉住在皇帝宫殿中，在那里他见到了一幅斯基泰人向东罗马和西罗马两位罗马皇帝屈服的画。他喜欢这创意，但憎恨这幅画的主旨，他命令当地的一位画家画了一幅同样场景的画。画中，他自己坐在王位上，而两位皇帝则在他的脚下倾倒出黄金。

现在，阿提拉的进军有些踌躇。一位征服者理所应当朝南穿过亚平宁山脉直趋罗马，扫清挡在他面前的一切，但普里斯库斯告诉我们，紧跟着阿拉里克的足迹并且有着同样目的的阿提拉得到了巫师们的警告：如果他夺取罗马的话，也会遭受同样的命运，也就是胜利之后立刻死亡。死亡的方式人们可以觉察得到，炎热、食物短缺和疾病都可能导致死亡。盛夏已经过去，但是意大利平原北部 9 月的气候依然令人难以忍受；而且这个地区是携带着疟疾的蚊子的家乡。

事实上很多军队都难逃同样的命运。公元 540 年的法兰克人遭受了腹泻和痢疾的袭击，他们难以摆脱这些疾病，因为缺少适宜的食物，据说实际上有 1/3 的法兰克士兵因此而丧生；另一支法兰克军队也因为同样的原因而于公元 553 年失败。

面对阿提拉的大举入侵，罗马方面却并不准备使用完全的军事手段来应对。事实上，罗马城里的达官贵人们更倾向于使用外交手段来解决问题，这其中就包括教皇利奥一世。他以令人钦佩的热情根除异端，如同一位受到神圣启发的圣人一般烧毁异端的书籍，以显示他自己是一个强悍的人；而此时教会最大的威胁——阿提拉，则是一个谋杀了自己的兄弟布莱达并且夺取了多瑙河外的绝对权力的暴徒。

在利奥一世看来，像埃提乌斯这样的世俗领袖都是骄傲、充满野心、不公正、不虔诚和不谨慎的例证，比较之下，这一切缺点都完全无法在利奥自己的身上找到。他甚至反对东部皇帝狄奥多西二世，因为后者在于公元 449 年召开的第二次以弗所公会议上赞同了基督没有从他母亲那儿分享到人性而只是得到了人身的观点。当狄奥多西于公元 450 年之猝死后，在狄奥多西的姐姐带领下开始统治的马西安，成为了利奥眼中的正统教义的救星。

对于普洛斯珀来说，女人是无关紧要的。无论是马西安取得王位的最大功臣的爱妃普尔喀丽娅，还是皇帝瓦伦提尼安以及行为乖僻的霍诺丽亚的母亲、身为她这个年纪最有权势的女人之一的加拉·普拉奇迪亚，普罗斯珀都根本没有提到。当然了，现在既然阿提拉正威胁帝国的中心，而埃提乌斯毫无用处，因此一切事务都落到了利奥的肩上。

埃提乌斯办事依靠自己的判断，而利奥则依靠上帝。他对阿提拉的外交使命是元老院和瓦伦提尼安三世所赋予的。“没有比派一个使团去见这个可怕的国王更好的办法了。”随他同行的有两名同事中，一位是特里格提乌斯，他以前是行政长官，是有着丰富经验的谈判家，他在非洲同汪达尔人该撒里克谈判过；还有一位是前任执政官阿维努斯，他现在是罗马最有权势的两名元老之一。

或许，利奥的主要任务是商谈俘虏的赎金问题。这仅是这个最高使团的一项使命。然而在普洛斯珀那里，利奥和上帝才是罗马真正的救主。结果，他后来的记述完全没有提到另外两个人，或者把他们改变成完全不同的形象。

阿提拉显然也非常乐意接见这三位以罗马最高级的巫师为首的使节，或许他在他们身上看到他自己上层精英集团的身影。正如普洛斯珀所说的，“国王礼节性地接待了整个使团，他为最高祭司的到场感到荣幸以至于命令他的人停止敌对行动，此外还许诺了和平，并返回到了多瑙河以北。”

利奥一世在他的侍从官普洛斯珀的眼中是一个基督通过人而显现的活化身。以至于普洛斯珀的一篇文章中说道:“被选者得到恩惠，不是让他们无所事事或是使他们能从敌人的攻击中解脱出来，而是要促使他们做好工作，征服敌人。”

会议期间真正发生的事没有人知道。或许，如同一些材料说的，会谈在加尔达湖岸边的浅滩处召开。但是作为现代人的我们实在无法想象阿提拉在入侵罗马前向东方前进的目的究竟是什么，因为按照常理来说他应该往南走。

当然，双方一定有过艰难的讨价还价。如同约尔达内斯所说的，阿提拉想要霍诺丽亚，连同她应得的皇室财产。这使得罗马人能够提出一个反条件：他们不能交出霍诺丽亚，她现在不仅确确实实地已经嫁了人，而且她非常愿意“保持贞节”；但是在皇家财产的问题上可以商量。俘虏们应该被释放，金钱会支付给他们，而他们的荣誉会得到满足。

在缺少任何坚实信息的情况下，传说很快变成了宣扬奇迹。在13世纪的匈牙利抄本里，阿提拉被一个愤怒的全副武装的天使景象所惊吓，从而变得顺从。当然他不会是一个对教皇给予太多注意的人。他有着足以使自己停止前进的原因：疾病、饥饿以及一种突然的对自己真正面对的事作出正确评价的……直觉。阿提拉现在一定已经看到了他咬下来的东西要比他能吞咽下去的要多得多。除此之外，他现在深入意大利，还处于非常危险的局面之下，因为罗马的另一半，也就是君士坦丁堡距离匈牙利要比他本人距离匈牙利还要近。

于是在得到了足够的利益之后，他再次选择了妥协，带着他的部落掉头穿过伊松佐河，返回了匈牙利。

公元452年秋，当多瑙河上又开始结冰时，他派了更多的使者去马西安那里威胁要进行破坏。他的理由是：因为狄奥多西承诺的事没有被完全地履行，并且他还说要向敌人展示自己前所未有的残酷无情。

但这只是威吓。他在卡太隆尼平原损失了数千人，在意大利又有数千人死于疾病。他也没有及时返回家园以至于无法得到夏天草场的全部好处。即使意大利战争的费用可以用利奥的赎金付清，但从马西安那里他没有得到任何东西。而现在，再一次，他那支精疲力竭的军队希望他们的统帅能够让他们快活起来。

余波

公元 452 年冬天，一种不祥的寂静降临在多瑙河边境，这让马西安对阿提拉可能在计划什么而深感不安。

事实印证了马西安的忧虑并非空穴来风。在意大利，12 个城镇遭受了匈奴人的袭击，或者也有可能是它们自称遭到了袭击。显然没有什么比阿奎莱亚的命运更坏的了，约尔达内斯的话在几个世纪中反复回荡:"后代们几乎不能发现阿奎莱亚的残迹。"其他没有做近距离观察的作家们也纷纷声称这座城市遭受了完全而且永远的破坏。

然而，这并不准确。我们可以猜测一下，因为在阿提拉之后还有一些关于阿奎莱亚的事为人所知。

6 年后，这座被认为是已经化作平地、废墟，几乎不可辨识的城市很好地恢复了起来。它有了一大批的基督徒，还有一名主教，他的名字是尼基塔斯。公元 458 年 3 月，他写信给利奥，后者的回信保存在他的书信选集中。尼基塔斯正在处理一桩危机，这桩危机不仅是由战争破坏引起的，更是由恢复工作造成的。这座城市的一切都曾经很糟：家庭被破坏，男人们被掳走，女人们被抛弃。但是现在，在上帝的帮助下，事情开始好转，至少一些男人返回了。

这样看来阿提拉的确释放了俘虏，大概是因为教皇利奥为他们付了赎金吧。有多少人没有活到被赎回？那些活下来又没有被赎回的人怎么样了呢？他们肯定是受到了奴役，或者已经死了，或者还在匈牙利替匈奴的主人干活。

尼基塔斯面临两个问题。第一个是有些以为他们的丈夫已经死了的女人又再嫁了。那现在他们婚姻的法律状况应如何考虑？这是一个难以回答的问题，因为作出任何一种决定都会将数百个家庭抛入混乱之中。然而利奥不是一个习惯于犹豫不决的人：他回应说第二次婚姻应该被取消，而第一位丈夫可以恢复原有地位。顺便说一下，信中没有提到被匈奴人带走的女人的事，她们永远消失了，没有造成任何神学上的问题。

第二件事涉及返回者作为基督徒的身份。一些人在被俘虏期间显然被迫接受了异端的洗礼，并且加入了异端教会，很多孩童还曾经被异端者施洗过。说匈奴人是异端确实听起来有些奇怪。事实上，这个问题是阿提拉的军队仍然是一个混合体的证据，这个混合体中包括了在一个世纪前皈依阿里安派教义的哥特人。尼基塔斯可能不能辨别哥特人和匈奴人，但是异端是吸引教皇斗犬的红色旗帜。利奥裁定被迫叛教者不算是叛教，他们理应被欢迎，并受到宽恕而且可以恢复原来的权力和地位。

最后，内部的戏剧性冲突令他们精疲力竭，而重生的城市很快就富裕到使基督教教会能够在被毁的犹太教堂的废墟上建立自己的大教堂。犹太人看来已经离开了。事实上，这个地方已经在走下坡路了。一个世纪以后，另一次蛮族的袭击（这次是伦巴第人）加剧了它的衰落，许多居民都选择向西迁移到一个新的虽然没有什么前途但更安全的拉古纳·威尼塔泻湖及其岛屿定居。

这种复杂关系形成了许多种简单的说法：阿奎莱亚的幸存居民从匈奴人的手中逃了出来并建立了威尼斯，这个地方被认为是一个安全的避难所，因为匈奴人不敢骑马进入附近的泥地。或许阿奎莱亚的犹太人已经做了示范，但对占大多数人的基督徒来说，事情远比这要复杂。

直到公元 569 年另一次蛮族入侵，阿奎莱亚的主教保卢斯才带着他的圣徒遗物和权杖来到了阿奎莱亚以南 10 公里处的格拉多港，从那里人们甚至可以游泳到达亚得里亚海。在那儿，经过一个世纪的敌对，当局政府终于迁到了威尼斯。直到公元 9 世纪，威尼斯才开始适当地将海峡变成运河并用桥把岛屿连接起来，创建了宏伟的城市，这鼓励了后来的作者们把不方便了解的且时间拖得太久而变得一团糟的历史真实事件转变成简短犀利的民间故事。

时至今日，威尼斯仍然与阿奎莱亚有着千丝万缕的联系，这使得旅游业颇为受益。在莫兰诺岛和布拉诺岛附近，人们也仍然延续着制作玻璃的古老传统，这其中有一部分得归功于在阿提拉把他们的世界颠倒过来之前，那里的一个叫散提亚的人的努力以及她在阿奎莱亚的合作者们。

第八章

突然的落幕

当阿提拉威名正盛，当匈奴帝国正如日中天的时候，任何人都不会想到，这位匈奴王，这位匈奴人中最伟大的英雄会在新婚之夜骤然离世。无论如何不甘，阿提拉的人生终究落下了帷幕，历史也因他的突然逝世而被改写。那么，他的国家，以及他的朋友和对手们，又将何去何从呢？

婚礼上的意外

历史在很多时候是充满了戏剧性和讽刺意味的，比如说一个叫伊尔蒂蔻的少女，很少有人能够像她那样什么都没有做就能在历史上留下自己的名字。伊尔蒂蔻是一位日耳曼公主，阿提拉属下的一名酋长将她献给了阿提拉，以确保自己得到这位匈奴王的祝福。

阿提拉已经有了数不胜数的妻子，这并不是因为他是一个精力旺盛的男人，而是因为呈献尊贵的女子是贡赋的一种形式，并且是维持对远方和不可靠附庸的一种统治方法。约尔达内斯引用了普里斯库斯一篇已经失传了的文章说，伊尔蒂蔻是个非常漂亮的女孩。但没有其他人提到过她。无论如何，她是阿提拉的最后一位妻子，是在公元 453 年的春季被阿提拉选中或是被送来给阿提拉的。

普里斯库斯告诉了我们在阿提拉与伊尔蒂蔻婚礼的那天晚上发生了什么事，他在四年前同阿提拉亲自接触过并且对这些事有着相当的热情和兴趣。

普里斯库斯的原文已经不存在了，但是却被约尔达内斯复写了下来。

接下来是约尔达内斯关于婚礼完毕，当阿提拉与他年轻的新娘就寝之后发生的事的记述：他停止了产生愉悦的活动，然后，他连带着葡萄酒重重地仰面倒下昏了过去。他突然大脑出血，而这通常应该从他鼻子里流出的血却没有走这条道路，而是流入了他的喉咙，这导致了他最后的死亡。就这样，曾经在战争中赢得过无比荣誉的国王得到了一个如此耻辱的结局。次日，当一整天都快过去了时，国王的侍从们怀疑是不是出了什么差错，他们先是大声呼喊，然后破门而入。他们发现阿提拉倒在血泊之中，身上没有伤却已经死了，而那女孩在她的头巾下悲伤地哭着。

这些细节是令人信服的：一个年轻姑娘，喝了很多酒，没有生病的迹象，一个贪欲的洞房之夜，一具尸体，哭泣的女孩，掩盖的窗帘。还会有什么错呢?

但不久之后，想象力开始在主角伊尔蒂蔻身上发挥它的能量：一名怀着怨恨的公主设下复仇陷阱——一把隐藏的匕首和毒药，谁知道她脑袋里想的是什么？同样的传闻在成吉思汗死后也盛行过，有人声称成吉思汗是他最后一位妻子的一次复仇袭击的受害者。凡人们不喜欢他们的国王直截了当地死去，他们认为他的死亡应该伴随着极度的戏剧性。但在当时没有这样的迹象，而伊尔蒂蔻被震惊的状态也不符合这种说法。更符合事实的是，已经 50 多岁的阿提拉，身体经历了某种灾难性的崩溃。

可怜而无辜的伊尔蒂蔻醒来时发现自己躺在一具尸体旁边，就只能哭泣了，她因为太过惊恐和担心而没有去呼喊帮助，甚至连侍卫们因为奇怪的寂静而来敲门时也没有开门。

约尔达内斯继续讲着这个故事。消息一传开，发狂的侍卫们叫来了其他人，人们都陷入了极度的惊骇中。这个可怕的事实沉重打击了他们，他们开始举行哀悼仪式，这种哀悼仪式在每个文明中都有自己独特的表现形式。

在这里，他们拔出刀割下了一缕头发。这是一种从匈奴时代便一直保存下来的习俗，在他们的王室陵墓中考古学家发现了从头发根部剪下的辫子。男人们会割开他们自己的脸颊，这种行为解释了许多作家在他们描写匈奴人时提到的疤痕。正如约尔达内斯所写的，他们“不是像女人那样用眼泪和哀号来纪念著名的战士，而是以深深的伤口来损毁自己已经足够丑陋的面容，用男性的血来纪念”。这种仪式在巴尔干到中亚的许多部落中都相当普遍，而且在西方也广为人知。西多尼乌斯在赞扬他的英雄阿维图斯时回忆道:“带着伤，你胜过了那个视哀号为自残的人，此人用烙铁在面颊上割出一道道伤痕，用凿子凿出红色的疤使自己面目可憎。”

死因

阿提拉的死因究竟是怎样的呢？通过一些医学上的细节，后世的历史学家们有自己的猜测。当然，这也仅仅只是猜测而已。

约尔达内斯提到血液从鼻子和嘴中流出。所以，一种戏剧性的观点就解释不通了：国王死于一次因为性交带来的心脏病突发。无论是中风还是心脏病发作都不会带来外部出血。血只能来自于和嘴相连的身体组织——肺、胃或食管。肺一般不会突然地出血，只有在经过几年使其衰弱的疾病（如肺结核），之后才会有缓慢的出血迹象。那就只剩下胃和喉咙了。

我们先来看看胃。他可能只是被自己的呕吐物噎住了，但是没有人提到过他呕吐；因为吸引随从的注意力的是他的血。一种可能性是这种出血产生于胃溃疡，它可能已经恶化了一段时间，但不一定会引起重视，因为溃疡并不一定会引起疼痛。

导致溃疡恶化的一个原因就是压力，而这是阿提拉经常承受的。年复一年的艰苦战争的影响可能与痛苦的感觉混合在了一起，这种感觉就是他已经做了他能做的一切，但是却不能得到一个包括高卢和匈奴人的家园在内的庞大匈奴帝国，更不要提包括君士坦丁堡和罗马在东部和西部的统治区域了。如果他曾经相信过自己是命中注定要统治世界（是被长生天或是战神或是无论什么其他的巫师们崇拜的神明选中），那他现在一定知道了自己必须满足于更少的获得，而这对他来说实际上就是末日。因此，可能是一场溃疡发作导致他呕吐，而呕吐通常会让他清醒，除非他因酣醉和精疲力竭而神志不清地躺着。在现实当中，很多吸毒过量的人最终都是像这样被自己的呕吐物呛死的。

我想，还有一种更具说服力的说法。匈奴人擅长喝酒，不仅是喝他们自己酿的大麦啤酒，而且还喝他们从罗马进口来的葡萄酒。普里斯库斯就提起过在他与阿提拉共进的晚餐上有葡萄酒。阿提拉已经喝了 20 年的酒，而且都是豪饮，要知道，匈奴人习惯在每次祝酒后喝个底朝天，这才是真正的“干杯”。

有一种酒精中毒引起的症状被称作门静脉高血压，这可能导致食道静脉曲张。这些肿胀的、衰弱的静脉可能在没有征兆的情况下骤然爆裂，突然产生大出血。如果一个人在醉酒后的昏迷中仰卧着，那涌出来的血就会流入他的肺里。如果他醒着或者神智清楚，那他就会坐起来，让血流出来，这样就有可能恢复过来。喝酒、高血压和喉咙处衰弱的血管，也许正是这样的组合杀死了阿提拉，使他倒入了自己的血泊之中。

墓葬的秘密

阿提拉死后，他的尸体被放在外面的草地上，庄重地躺在一个能看见他悲哀的人民的丝绸帐篷里。骑手们围绕着帐篷骑行。“在马戏表演仪式之后”，阿提拉的一位高级副官念了一篇葬礼悼词，这篇悼词似乎被普里斯库斯逐字记录了下来，当然是从匈奴语翻译到哥特语然后再翻成希腊语，而约尔达内斯再由此翻译成拉丁文，然后据此而来的就是这样一个版本：

匈奴人的领袖，国王阿提拉，由他父亲蒙楚克所生，他是最勇敢部落的主人，他以前所未有的权威单独拥有斯基泰和日耳曼王国。他还占领了两个罗马帝国的城市大大地震慑了他们，而那些从劫掠中保留了剩余物的人因他们的祈祷和每年的贡金而得到平安。当他凭着好运完成了这一切时，他不是倒在敌人或者叛徒的打击之下，而是在他自己的人民之中毫发无损地死去，快乐、愉悦、没有痛苦。鉴于没有人呼吁要求报复，谁会把这当作是死亡呢？

这几行字引发了许多学术讨论，甚至包括一些大胆的重新构造一个哥特语版本的尝试，但是并没有什么影响。无法考证这份悼词是否有一篇真正的匈奴语原文，更不用说考证它是否抓住了原文中的任何主旨。但是普里斯库斯肯定相信自己的判断，不然的话为什么他会如此细致地引用它呢？他可能期望很好地完成一份记录匈奴人的悲恸状况的报告，虽然他很少提到他们的诗歌才能。阿提拉的人们能评论他最好的话显然就是他掠夺了非常广阔的土地，而且他的死亡也没有给敌人任何借口进行杀戮的报复。正如曼森·黑尔森所说的，这听起来“像是一个美国强盗的墓志铭”。

有关的描述还包括了哀悼仪式，那是一种守丧，它显示了人们的悲痛以及对死者完满一生的肯定。

然后，夜幕降临，尸体准备下葬。我们待会儿会提到匈奴人做的一些事。普里斯库斯通过约尔达内斯的转述告诉我们:“首先是用黄金，其次是银，最后是坚硬的铁。”铁象征着他征服的国家，金银则是他窃取的财宝，然后他们又放入了从战场上缴获的敌人的武器。他的服饰闪烁着各种宝石和各种装饰品，这是帝王荣誉的象征。

和那些金属有关的究竟是什么？大多数翻译会说它们同阿提拉的“棺材”联系起来，从这之中流传出一个可笑但是经常被重复的故事，说阿提拉被埋在三口棺材内，第一口是金的，第二口是银的，第三口是铁的。人们将这件事传得神乎其神，以至于一代代的寻宝者都希望找到这个有着这些宝藏的帝王陵墓。

这种观点在匈牙利被广泛接受，甚至被当作严肃的历史事实在学校里教授，这其中部分是因为盖佐·加尔多尼的小说《看不见的人》。盖佐·加尔多尼的书中说：

> 当阿提拉庄重地躺在棺木中的时候，巫师首领在灵柩台后面祭献了一匹黑马，然后瞎眼的加玛向匈奴人的神询问该如何安葬阿提拉。
>
> “将他置于三重棺材中，”他们得到了这样的回答，“第一口棺材要由金子打成，就像阳光一般，因为他是匈奴人的太阳；第二口棺材要由银打造，就像彗星的尾巴，因为他是这个世界的彗星；第三口棺材是由钢铁制成，因为他像钢铁一般坚强。”

但事实上，如果你对1500年前的人类文明的状况稍有了解的话，你就会明白，这些所谓的传说真的就只是传说而已。想想看，造这样一口棺材需要多少金子？历史学家们曾经计算过：这些黄金如果按照现如今的金价来计算，大约价值1500万美元。按现在的产量或按罗马帝国每年的黄金产出来看这并不算多，但仍然相当于从君士坦丁堡进贡来的一年的贡金，然而这一途径在阿提拉入侵高卢之前就已消失了。如果匈奴人有那么多的金子，阿提拉就不会去入侵罗马帝国了，他可能现在有远比一座木制宫殿要好的宫殿以及一座更加精美的浴室。而且，如果他们真的有那么多黄金，那他们会如此愚蠢地将它埋了？这真的可信吗？

还有两口棺材没有说呢，它们每一口都要比上一口大。20 万立方厘米的金属？在西方，没有哪位皇帝随葬过如此巨大的财富。除此之外，这还需要他们花数月时间去浇铸、制造这些重数吨的庞然大物。而且，搬运它们也是一项非常浩大的工程——需要 60 个人把它们举起来，还需要一辆重型马车和一群牲畜来托运，而且按照推测，这个仪式还应该是在寂静的晚上秘密地进行。因此，这整件事都像从一个单词编造出来的故事一样蠢。

如果你看过约尔达内斯真正的原著，就会发现那里根本就没有什么金属棺材。拉丁文提供给我们一个更真实的解答："他们增强了棺盖等级。"他没有提到棺材，尽管这个词在后来的叙述中以动词形式出现。

现在事情开始变得合理了。我们顶多只能认可木制棺材，在其中有一些珍贵的物品，比如用来装饰弓的金条。然后棺盖被小的象征性的金的、银的以及铁的扣环封住。提供佐证的是，在蒙古诺彦山的匈奴人的遗址中也有几乎相同的棺材。

那么有什么珍贵之物会被用来陪葬呢？彼得•托姆卡所写道："死者会穿着丧服躺在棺材里。他身边备有作为陪葬品的食物和饮料，有时还会有一些简单的工具，像刀或者镊子之类的。"但是没有什么非常值钱的东西会被放入棺材里。如果帕农哈尔玛宝藏只有被金片装饰的祭仪物品而没有尸体可以作为根据的话，那尸体和国王的宝贵物品会被分开埋葬。而考古学家们找寻的是一具尸体、一口木棺材以及一些小的私人物件。当然，这些到现在肯定已经消失于蒂萨河的冲积平原之中了。

除了随葬品之外，匈奴人一定还有悲哀的葬礼为阿提拉送行，而且他的陵墓位于何处也一直是个秘密。匈奴人没有留下有关墓穴的任何信息。如果这种墓葬方式与匈奴的王家墓葬一样，那么那里可能有一个很深的洞、一幢木制房屋和一座其中摆放着棺材的木冢。当然，这个洞后来又被填上了。

“秘密”这个词相当重要。成吉思汗被秘密地埋葬，他的继承人也一样。这种形式有双重目的。很明显的一种是防备那些贪婪的盗墓者；第二个目的是为了维护这个场所的神圣性，并因此而保持围绕在皇帝身边的神圣光环。在蒙古统治者那里，他们的随从面临一个问题，几乎每个人都大致知道墓葬的地点，那就是蒙古北部的圣山不儿罕·合勒敦，也就是今天的大肯特山。为了解决这个问题，蒙古人让奔跑的马搅乱地面来掩盖坟墓并且在整个地区都派卫兵守护，然后又让树木和草遮掩这个地方。过了一代人后，就没有人能够找到它的确切位置了，所以成吉思汗的陵墓所在到今天仍然是个谜。

而在阿提拉这里情况就非常不同了。他们有着传统的仪式来炫耀他们这支流浪中的草原游牧民族的领袖的去世。但他们不再是游荡的匈奴人，同时，他们在匈牙利才生活了两代，对于匈奴人首领来讲在这里是没有一个传统的圣地适合做埋葬之所的，而且即使他们保存着有关他们匈奴祖先的传统，那附近也没有环绕的大山可作为连接地上和天上的桥梁。除了简单的土葬之外，别无他法。

国王被埋在哪里呢？以下就是匈牙利人所相信的，但它经过了加尔多尼的稍稍歪曲：

> 老加玛顺着上天的建议，回答道："蒂萨河上满是小岛。你们要在河流狭窄的分支处将河水分流。在暴露的河床上挖很深的坟墓，然后加宽河床使这条河更宽广。在国王被埋葬之后，让河水再次流过。"

结果，在今天的匈牙利每个人都相信这件事，并把它当作一个事实般述说：阿提拉被埋在蒂萨河河床下。

无论墓葬建在哪里，它都应该是个能保守秘密的地方，这对匈牙利广阔平缓的草原来说有些困难。根据约尔达内斯的说法，普里斯库斯告诉我们这是如何成为现实的。"为了使如此宝贵的财富能够逃过人类的好奇心，他们杀了那些被指派去工作的人——这对他们来说是一个可怕的"奖励"。这样，埋葬者与被埋葬者都遭受了同样突然的死亡。"

这种说法值得仔细推敲。用杀害动物和奴隶的仪式来纪念一位国王的死亡是在整个欧亚大陆都通行的事。在我国的安阳，旅游者现在还能看到一座令人叹为观止的墓葬遗址，在其中，一支小型的军队被随葬在皇室指挥者旁，现在只剩下人和马的骷髅以及一些战车。这不是一个普遍的习俗，因为奴隶和士兵都是有价值的资源，因此更多的是用模型来做替代，由此而来的就是举世闻名的西安兵马俑。

现在来探讨一下为了保存秘密而杀害掘墓人的事。据说，约尔达内斯是第一个提出这种观点的人。这没什么可奇怪的，事实上，一位伟大国王的墓葬通常都会包括一个非常显眼的以墓葬土墩形式出现的标志性纪念物，这种形式在匈牙利、乌克兰、南俄罗斯以及亚洲的匈奴王家墓葬有数百个之多。秘密性从来都不是一个需要特别注意的地方，只有在埋葬成吉思汗时它才再次出现，而它的出现也只是为了保守伟大的成吉思汗死亡的秘密，一切在送葬途中沿线的活物都要被杀死。马可•波罗得知的这种情况是因为别人告诉他关于成吉思汗的孙子蒙哥的墓葬故事，但在他的口中这很快就从蒙哥变成了成吉思汗。当然，对于蒙古人来说，这没有实际意义。毕竟，没有什么会比一具尸体以及悲伤的家人更容易暴露送葬道路的了。

但是阿提拉的情况或许就不同了，他处在一个独一无二的环境。在此前从没有一个蛮族首领能够取得如此之大的成就，所以也就没有前任的经验可以汲取。他在夜晚下葬，墓葬上也没有土墩。如果普里斯库斯捏造了所有的事，或者如果他只想使之符合他自己心目中古典模式的葬礼的话，他一定会唠唠叨叨地大谈人们如何哀悼以及受害者之死和墓葬土墩的事。

那到底要怎么保守这个秘密呢？有人对这个看法嗤之以鼻：“以杀死埋葬国王的劳动者来防止盗墓是极其没有效率的方法，因为数千人已经知道了这个地方。此外，谁来杀那些杀人者呢？”但实际上，这样的事并非做不到，因为匈奴人有一支经得起消耗的奴隶劳动力，他们是从几十场战争中掳来的，有的来自日耳曼部落，有的来自巴尔干半岛，有的来自高卢，有的来自意大利。

普里斯库斯在他的旅程中就见过他们中的一些人，与那位成功的希腊商人相对照的是那些在阿提拉指挥部附近听任使唤的面容憔悴而且意志消沉的囚徒。匈奴人对杀人不会有良心上的不安，对他们来说，杀一个人与杀一只羊一样容易，事实上还要更容易一些，因为对于一只羊，你还要对肉的质量有略微附加的担心。对匈奴人来说，从给自己带来切割面颊的折磨到割断一名家仆的喉咙之间并不用跨出很大的一步。

我们可以想象一大群囚犯，大约 50 人，被带领去挖一个墓穴，他们完全不知道自己所面临的命运，因为这个计划只有一些上层人物知道。后来，送葬行列以及成群哀悼的匈奴人朝他们走来，大概有数千人。一小部分上层人物告诉他们返回自己的家去，然后一支 50 人左右的匈奴人士兵卫队和抬棺人缓慢前进。经过虔诚的埋葬，他们慢慢地将土填入墓中然后把地面耙平，甚至可能要弄平一整块地区，而这些地方不久就会被春季蒂萨河的洪水所覆盖；然后囚犯们整队，朝黑暗中进发，当东方的天际露出第一线拂晓的阳光时，匈奴人卫兵将分散的囚徒们集合起来，迅速地割断他们的喉咙。每一名卫兵执行一个或两个人的死刑，在一分钟之内就全部解决了。当然，还有匈奴人知道这个秘密，但他们是这个神圣秘密的护卫者。在变换的季节以及蒂萨河每年的洪水永远将这个地方伪装起来之前，他们的性命终究还是悬在这个秘密上。

空中楼阁

阿提拉死了，他的国家怎么办?

在他死后，几乎就在一瞬间，这个看起来宏伟的帝国就变成了一座扑克牌搭起来的房子，随时都会倒塌。阿提拉，在成吉思汗之前出现在大草原上的最伟大的统帅，他从没有指定过真正的继承人。普里斯库斯见到过他对自己更年轻的儿子艾纳克的过度影响，也了解他的长子埃拉克肩负的重任，但是要维持一个帝国的统一远比想象的要困难。

1000 年后的成吉思汗要比阿提拉更深谋远虑一些，他建立了一套官僚体系以及成文法律，并且在他死亡的 8 年前就已经正式宣布了谁将会成为他的继承人。阿提拉像是一个没有立下遗嘱的父亲，使得他的儿子们将他的遗产争得四分五裂，考虑到目前为止他有那么多的妻子，他儿子的数量几乎可以组成一个小部落。他们每个人都要求自己应得的那份儿，并声称附庸的人民也应该被平分，好像他们是家仆一般。

后世的蒙古人首领总是会告诉他的儿子们一根箭容易被折断而一捆箭却坚不可摧，因为团结就是力量！阿提拉和他的家人们却没有这样的智慧。用约尔达内斯的话来说:“在阿提拉的继承人之间出现了要夺取最高地位的竞争，因为年轻人的思想容易被获取权力的野心鼓动起来。在他们不谨慎地争夺统治权时，他们毁灭了阿提拉的帝国。”

如果说关于阿提拉掌权时发生的事的材料还算丰富的话，那现在他们与外界的联系便只剩下支言片语了，我们只能做最简单的概括。曾经是独立部落的酋长们不会让“小孩子”把他们像仆人那样摆布，他们引发了骚乱。首先可能是东哥特人，但是叛乱的主力是由格皮德人的领袖阿尔达里克领导的，他曾经是阿提拉最重要的同盟之一。他在公元447年的巴尔干战争中支持了他的新主子并且构成了卡太隆尼平原上匈奴人大军的右翼部队。正是他，在阿提拉死后试图建立一个联盟，以便于从他们的匈奴人统治者那里赢回日耳曼部落的自由。

根据约尔达内斯的说法，公元454年有过一场大战。其细节不为人知，我们所知道的只是一个名字，潘诺尼亚的内道河。但是在其他材料里都没有提起过内道河，这个名字和它的位置都已经从人们的记忆中消失了。即使最热情洋溢的匈奴人研究专家曼森·黑尔芬也只能说那可能是萨瓦河的一个支流，在贝尔格莱德附近汇入蒂萨河。无论如何，这是阿尔达里克的一次大胜利，据说他杀了3万名匈奴人及其同盟者。如果说这个传说是真实的话，那这个数字就应像往常那样被缩成1/10。

阿提拉的长子埃拉克也在死者的名单当中。在此之后，匈奴这个欧洲人曾经以为整个世界都会向他们屈服的种族就这样垮台了。

如此一来，格皮德人联盟接管了匈奴人的土地，也继承了他们和罗马帝国之间争论不休的关系。他们派使者前往君士坦丁堡，在那儿他们得到了马西安很好的接待，这位皇帝曾勇敢地抵抗阿提拉并且等待着他的下一步行动。他一定为多瑙河彼岸发生的事大大松了口气，而且很乐意赏赐给阿尔达里克每年总计 100 磅的黄金作为资助。而这笔钱，只相当于他的前任付给阿提拉的 1/20。

阿提拉的死使得罗马帝国的情况变得稍好了些，因为分裂的蛮族更容易对付。在阿提拉死后，大量的小部落重新定居：东哥特人被授予潘诺尼亚的土地；其他的匈奴人分裂成两个集团，一支在黑海沿岸，另一支居住在今天的塞尔维亚和保加利亚之间的边界附近。更小规模的争斗依然不断，特别是在西部匈奴人与他们的老对手东哥特人之间。约尔达内斯提到一场战役，在这场战役里匈奴人“将哥特人视为从他们的统治下逃走的人，他们与哥特人的敌对仿佛是在寻回逃亡的奴隶”，因此有了一场恶战。一位新的匈奴人领袖出现了，他的名字是图尔迪拉。西多尼乌斯在另一篇他于公元 458 年写给皇帝墨乔里安的谄媚颂词中提到他：“只有一个种族拒绝顺服您，这个种族最近的情绪比以往还要暴躁，他们从多瑙河撤回了他们不驯服的军队，因为他们在战争中失去了他们的领袖，而图尔迪拉为这一小部分人带来了一种疯狂的战斗欲望。”

公元 465—466 年期间，他们再次做了尝试。登吉奇希，阿提拉的一个儿子，在萨瓦河距离贝尔格莱德不到 75 公里的某个地方有一个基地，他和艾纳克联手并派遣大使去君士坦丁堡，要求皇帝（当时是利奥一世）恢复多瑙河畔的市场，但利奥拒绝了。

当登吉奇希和欧洲最后的匈奴人于公元 467 年穿过冰冻的多瑙河，并且被迫接受一个急于要重新得到一块定居地的哥特人集团的加入时，他们的好战精神再一次也是最后一次爆发了。在给当地的罗马帝国长官阿纳加斯特斯的信中，登吉奇希说他的人民甚至准备好了要投降，只要他们有一块自己的土地；而且他必须要得到一个答复，越快越好，因为“他们受饥饿折磨不能再等下去了”。

皇帝同意了匈奴人的要求，但暴躁的哥特人却背叛了他们。匈奴人进行了抵抗，接着罗马人也加入了战争。在欧洲的匈奴人至此差不多就走到头了。他们继续进行无望的战斗，直到两年之后也就是公元 469 年迎来了他们的末日。这被一份简明的公元 7 世纪早期的材料《东部编年史》记录了下来。登吉奇希被阿纳加斯特斯杀死，而他的首级被带到了君士坦丁堡，在那里他的首级由行军队列携带着穿过中央大街并被固定在木十字架的一根柱子上。整个城市的人都跑出来看这位匈奴首领的头颅。遗憾的是，没有人知道艾纳克的命运如何。

当然，最终还是有一些匈奴人活了下来，他们有的与其他部落相融合，有的则分散开来缓慢朝东方遁去，他们就像在一场爆炸后慢慢消散的尘埃，消失在一个世纪之前钻出来的混沌之中。

最后的罗马人

当阿提拉帝国的残余在东方渐渐消失时，在西方的罗马人的帝国也遭受了同样命运。对于历史学家而言，罗马军队已经不再是清一色的罗马人了。埃提乌斯被历史学家赞美为“最后一个罗马人”，但在卡太隆尼平原上，他的军队如果没有西哥特人、法兰克人和勃艮底人加入的话，他根本无力战胜阿提拉。阿提拉的去世替帝国除去了一个主要的威胁，但是留下的许多其他威胁仍然在罗马逐渐腐败的躯体上蚕食。在历史学家们的眼里，阿提拉没并有完全消失，因为他的影响力跨出了他的坟墓，他的名字与西罗马帝国在争吵和谋杀中走向灭亡中的各个事件和人物交织在了一起。

在一段时间里，埃提乌斯是罗马的救星，是帝国对抗野蛮人的坚强堡垒，但到了最后，他所有的努力都因为一场令人震惊的戏剧性的结局而化为烟云。事情发生在罗马，无可救药的瓦伦提尼安重建了他的宫殿。自从他的母亲和他的依靠加拉·普拉奇迪亚于公元450年去世后，就没有人再来指导瓦伦提尼安了。他已经到了35岁的年纪，但却没有获得这个年纪应有的理性和智慧，而且他总是接纳各种谗言，其中不少是著名的元老和两任执政官佩特罗尼乌斯·马克西姆斯在他耳畔所说的。

60多岁的佩特罗尼乌斯被著述颇丰的西多尼乌斯描述成为一位罗马的领袖，有着无法满足的野心，“他有着非常引人注目的生活方式，包括他的宴会、他的奢侈消费、他的扈从、他的文学追求、他的庄园以及他提供的广泛保护”。他看起来也对鼎鼎大名的埃提乌斯极其怀疑，包括他的财富、他在高层的朋友们以及他自己的私人蛮族军队，这所有的一切都使动埃提乌斯成为西部帝国最有权势的官员。

佩特罗尼乌斯通过最讨皇帝欢心的宦官和建议者赫拉克利乌斯向皇帝暗示，埃提乌斯可能正在策划一场政变。他甚至可能在策划一个新的王朝，因为他的儿子高登提乌斯与瓦伦提尼安的女儿尤多西亚已经订了婚。一切都看瓦伦提尼安的了，佩特罗尼乌斯暗示他应该“先下手为强”，否则就会“后下手遭殃”。

公元454年9月的一天，当时埃提乌斯正与皇帝在开会，而宦官赫拉克利乌斯则站在他身边，统帅开始催促皇帝关于两家联姻的事。或许他太过急切了，或许这看上去是他要攫取权力的证据。无论怎么样，瓦伦提尼安或者是出于突然的愤怒或者是预先早有策划，从他的王位上跳起来，指责埃提乌斯为叛徒并拔出了他的剑。面对这种情况，赫拉克利乌斯也拔出了他的剑，其他侍卫跟随着他们的首领行动，而手无寸铁的埃提乌斯就这样死在了十多把利剑之下。

埃提乌斯的死让罗马更快地衰落。曾经有一名罗马人这样评论瓦伦提尼安："你的行为像是一个用左手砍断自己的右手的人。"埃提乌斯是匈奴人的朋友，或许是阿提拉本人的朋友，后来又成为了他们的敌人，他跨越了罗马人和野蛮人的世界，并在两者之间保持着微妙的平衡。他所取得的这些成就以及的他的胸襟，在之后的历史上很少有人能够匹敌。

阿提拉的对手们

对于佩特罗尼乌斯来说，到目前为止一切都很顺利；而对罗马来说则是糟糕透顶，而且还有更坏的事接踵而来。有机会在皇帝耳畔煽风点火的宦官赫拉克利乌斯敦促他的主人避免用一个有野心的人（指佩特罗尼乌斯）来取代另一个（指埃堤乌斯），因而佩特罗尼乌斯没有因为他的所作所为而得到任何感谢或奖励。

被激怒的佩特罗尼乌斯谋划了另一场阴谋。他拉拢了两名蛮族侍卫，奥普提拉和特劳斯提拉，他们曾经为埃提乌斯效劳，现在为杀害他的凶手瓦伦提尼安服务。

埃提乌斯被谋杀后的 6 个月，也就是公元 455 年的春天，瓦伦提尼安前往马尔斯广场，那里曾经是罗马城北面的沼泽平地，位于台伯河的拐角处，现在已经被抽干了水，而且上面已经盖满了建筑物。在一支小部队的随同下，他前往一块开阔地练习箭术。下马后，他与赫拉克利乌斯以及两名蛮族侍卫朝靶子漫步走去。当皇帝准备射箭时，奥普提拉击中了他的太阳穴，然后当他转身时，特劳斯提拉又刺出了第二剑。

这一击彻底杀死了他，然后特劳斯提拉又一剑杀死了赫拉克利乌斯。瓦伦提尼安这个软弱胆小的皇帝，罗马救星埃提乌斯的谋杀者，是如此不得人心，以至于皇家侍卫当中没有任何一个人挺身而出来保护他。事毕，两名刺客跃上他们的马疾驰到佩特罗尼乌斯那里要他们的奖赏。

瓦伦提尼安没有子嗣，他的死亡令一个王朝也随他而去，而且也带走了权力转移的最终基础。元老院继而宣布佩特罗尼乌斯为皇帝。但是已经身处高位的佩特罗尼乌斯得到的只有绝望。他突然而且完全地变得孤独了，他没有通过正当的途径得到王位，因此并不受欢迎，而且他在面对自己控制力之外的事务时显得毫无能力。

在地中海对岸，汪达尔人统治者该撒里克正虎视眈眈。该撒里克的祖父母曾经经历过一场从阿尔卑斯山以北穿过西班牙再来到非洲的大迁徙，现在他正打算发起一场从南方对意大利进行的海上入侵来绕完这个圆圈。

该撒里克长时间以来一直对大陆发生的事非常感兴趣，当初他的儿子因为对西哥特人国王提奥多里克的女儿做的可怕的事而成为了提奥多里克的敌人。该撒里克曾经希望阿提拉能同时对付西哥特人和罗马人，但是这个希望在卡太隆尼平原上破灭了。现在，埃提乌斯和瓦伦提尼安死了，而谋杀他们的人摇摇晃晃地登上了皇位，该撒里克的机会来了。在佩特罗尼乌斯•马克西姆斯称帝3个月后，一支庞大的汪达尔人舰队在台伯河口靠了岸。

可怜的佩特罗尼乌斯。因为他的成功，他曾经有过一个绰号："最幸运的人"。10年之后，西多尼乌斯写下了对所谓的好运的看法："在我个人看来，我绝对会称这个人为幸运的，因为他要在陡峭而滑溜的最高职位上保持平衡。"

到目前为止，佩特罗尼乌斯使自己的每一个愿望都得到了满足，他已经位及巅峰，但却对这成功感到头晕目眩。"当至高无上的成就带着他来到帝国尊严跌入的无底深渊时，面对巨大的权力，他顶着皇冠的脑袋开始感到晕眩。而且，一个不能忍受自己主人的人也成不了主人。"

因为没有通过合法手段取得皇位，他遭到了官僚机构的抵制，他在自己的宫殿里感觉像是一名囚徒，"在第一个夜晚降临前他一直为自己的成功懊悔不已"。他唯一的大动作是重新指派阿维图斯担任事实上的高卢统治者，希望他能够用他的外交技能控制住那些蛮族部落。在罗马，佩特罗尼乌斯显得极其无能，即便他知道汪达尔人的舰队在逼近，他也不知道做什么。当这支舰队在5月底靠岸时，他开始感觉到失败正盯着自己的脸庞。

佩特罗尼乌斯惊恐地逃离了宫殿，正好落入了暴乱的民众手中，民众被他的无能和胆小激怒，用石头扔他并将他刺死，他们把他撕成碎片并将血肉模糊的残骸抛入了台伯河里。

那谁应该来保卫这座城市呢？挺身而出的人正是罗马对付这些蛮族的专家——教皇利奥，他在四年前曾经去会见过阿提拉。但是这次，他只成功了一半。该撒里克放过了城里的人，但却在两周之内将这座城市的财富洗劫一空，包括朱庇特神殿镀金的青铜屋顶，以及最早于公元 70 年从耶路撒冷得来的金桌和烛台、皇宫的家具、皇帝的珠宝以及成百上千的俘虏，这些俘虏当中包括皇后本人、她的两个女儿和埃提乌斯的儿子。

几天之后，这场灾难的消息传到了阿维图斯那里，他当时正在图卢兹和他的西哥特王室的朋友们在一起，缺席者只有在卡太隆尼平原身亡的提奥多里克以及他的儿子陶里斯蒙德，后者曾在埃提乌斯的敦促下回家保卫自己的继承权。

本来一切都发展得不错，甚至包括那些不接受他的人。后来陶里斯蒙德病了，情况变得对他的敌人有利，当一个叛徒仆人送出消息说他现在是单独一人而且没有武装时，他正坐在一张凳子上从静脉放血。刺客们蜂拥而入。根据约尔达内斯的说法，陶里斯蒙德抓起凳子并且在被他们杀死之前击毙了几名袭击者。他的兄弟，被普遍认为是这场谋杀的幕后主谋的小提奥多里克接管了一切。这么一来，当罗马被野蛮人部落占领（当然，第一次是被提奥多里克的祖先阿拉里克于半个世纪前在向西的长途行军中占领的）的消息传来时，西哥特宫廷的主人应该是小提奥多里克。

阿维图斯非常喜欢这个体格健壮的年轻人，因为他的女婿西多尼乌斯曾用奉承话描述过他的形象，使他听起来像一位超级巨星一般。他的身高在平均水平之上，身板结实，长长的卷发垂及耳畔，有着浓密的眉毛和睫毛以及鹰钩鼻，肌肉发达，大腿如角般粗壮，腰杆较细，且经过精心打扮，一位理发师每天都替他刮脸，修剪他的鼻毛。

他是一位优秀的统治者，他以一次祷告开始新的一天，就像大多数西哥特人一样（他信奉阿里安派教义，但可能并不将此看得十分重），然后接受请求者和外国使节的拜见。早上过半后是打猎的时间，小提奥多里克也借此练习他的箭术。午饭相当简单，没有令谈话内容黯然失色的银质餐具大展示。之后，是一次短暂的午睡，然后是棋盘游戏，这种游戏让自制与真诚的友谊结合在一起。晚饭时刻，可能会有些娱乐活动：没有演奏者和歌手（小提奥多里克看起来完全没有音乐细胞），只有一个滑稽演员，他表演的节目没有任何讽刺的和令人不快的东西。然后是更多的人提出请求。最后，在武装岗哨的护卫下他前去就寝。

在这个优雅的蛮族宫廷里，一位可能成为新皇帝的人正与他们一起在图卢兹，这种想法不知什么原因油然而生。西多尼乌斯用献媚的诗歌描述了这种场景。

哥特人的长者集合在一起，那么一个粗野不堪的群体，他们穿着失去光泽油腻腻的亚麻束腰外衣和皮斗篷以及马皮靴子，与他们王子的优雅恰恰相反。阿维图斯向他们致意，并敦促小提奥多里克重新确立新的和平承诺，他这样说道："这儿的老人可以作证，当你年幼时，如果你的乳母让你做你不愿意做的事，你就会握着这双手在我的胸膛前哭泣。"

谁能拒绝呢？一切都在促使和平的到来，况且小提奥多里克的艰难路途在他年幼时就已经被阿维图斯本人铲平了。他发誓通过报复袭击罗马的汪达尔人来纠正过去的错误，如果，这时他来了一句妙语：“如果你，著名的领袖，能够毅然担起奥古斯都的名号的话。”

阿维图斯低下头，表现出谦逊和自惭形秽。

“你为什么要转移你的目光？”小提奥多里克问道，“你的不情愿使你与这个职位更加相称……你是一位领袖，而我只是罗马的一位朋友。”

一个月之后，高卢的要人们也被吸引到这项事业中来，他们宣布阿维图斯为皇帝。9 月，他在罗马赢得了来自心存疑虑的元老们的勉强支持。西多尼乌斯用他满是阿谀的颂词赞美了新皇帝，强调了他过去的功绩、他现在的合法性地位以及随之而来的光辉未来。

但在这个支离破碎的国度里，过去的成功既不意味着现在的合法性也不意味着对未来荣誉的任何保证。高卢的大部分都落在法兰克人、勃艮底人以及野蛮的巴高达人的手中；西哥特人掌握着西南地区，而且很快就会取得西班牙的大部分；各个日耳曼部落在莱茵兰地区蔓延；汪达尔人占领了北非；东哥特人主宰着多瑙河。罗马帝国已经所剩无几，只有意大利本土还归帝国掌控。

权力现在既不在皇帝手中也不在元老院手中，而是在军队的手中，因为军队是抵御侵袭的唯一防卫力量。正如埃提乌斯所昭示的那样，谁统治了军队就统治了（逐渐缩小的）西罗马帝国。埃提乌斯死后，阿维图斯把军事统帅的职位交给了一名非罗马人里奇梅尔，他的母亲是西哥特人，而他父亲是苏维汇人。正是里奇梅尔想办法在公元 456 年的另一场汪达尔人的海上入侵中保住了意大利，从而证明了自己在国内虽然短暂但却真实的权威。

事实上，阿维图斯这位带着一支私人蛮族军队的高卢贵族在罗马从未受到过欢迎，他几乎刚一登基就无法掌控住局面。公元 456 年，罗马境内农作物收成不佳，饥荒的威胁开始出现。

阿维图斯说为了减少吃饭的嘴，他只能解散他的私人军队，但是为了支付他们的薪水，他熔化了一些没有被汪达尔人带走的青铜雕像。于是人们来到街上抵制，但是里奇梅尔与军队却没有采取保护皇帝的行动。阿维图斯逃回了阿尔勒，重新召集了自己的军队，同他们一起返回，但是在皮亚琴察附近被里奇梅尔击败。胜利的里奇梅尔宽宏大量，让阿维图斯体面地退位。最终，阿维图斯死在了回家的路上。

最后的结局

在阿维图斯退位之后，西罗马帝国又经历了另外 7 位皇帝和一段空位时期。在此期间，罗马城中的刺杀和篡位、蛮族王国之间的谋杀和冲突不曾断绝。所有这一切将西罗马帝国引向了公元 476 年的终结。当时罗马的最后一位皇帝——罗慕鲁斯被一个野蛮人奥多亚克所废黜。然而这不是一个干脆的结局，因为蛮族在帝国内外已经存在了很长时间。领袖从罗马人变成野蛮人，与其说是事实上的不如说是一个象征性的转变。

出于一种奇妙的巧合，他们各自的父亲——奥雷斯特斯和埃迪卡都是阿提拉宫廷中的官员，并且都是公元449年那次被普里斯库斯记录下来的命运多舛的使团中的同事。罗慕鲁斯可能从他父亲——阿提拉的罗马追随者奥雷斯特斯那里听说了这一切；而奥多亚克也从他的父亲——那个克里萨斐攸斯灾难性地试图招为刺客的斯基里安人埃迪卡那里听说了这些事情。

但这一切又是如何发生的呢？阿提拉死后，奥雷斯特斯回到了他在潘诺尼亚的领地。他在那儿被召去领导一支军队对付现在正在出征路途中的哥特人。有了这支跟随自己的军队，奥雷斯特斯成为了国王制造者，在拥立了几位国王之后，他最后于公元475年使自己的孩子罗慕鲁斯成为了皇帝。

这支军队现在已经被腐败侵蚀得病入膏肓。没有了边远地区和崩坏中的官僚体系的支撑，税收很快枯竭，军饷的支付也停止了，最后蛮族军队厌烦了。多亏他的父亲，奥多亚克现在已经统领了斯基里安人，并在阿提拉死后为罗马效劳。开始的时候，他们支持奥雷斯特斯，因为他许诺给予金钱和土地，但之后金钱供给短缺，土地更是完全没有。因此，奥多亚克和他的斯基里安人最终对罗马权威的象征感到了厌倦，而用他的一位将军的儿子取代了那个曾是阿提拉左膀右臂的男人的儿子。

1/3 的西罗马帝国现在已经落入了蛮族手中，而它的中央政权也确立了一位蛮族统治者。这难道不可悲吗？对于保守者来说，这当然可悲了。但是从长远的历史来看，一个新的欧洲正在崛起，这是一个有着一种新的文化和民族差异性的欧洲。

罗马本身也通过各种途径保存了下来，包括它的机构、文化、传统和基督教信仰。只有在不列颠，蛮族入侵者忘却了罗马，将它的建筑、城墙和道路蔑视为异族制造物，并维持了其异教传统。在大陆，蛮族首领将自己视为一种古代权力的光荣继承者，并且对他们住在君士坦丁堡的名义上的主人施以恩惠。在高卢，非罗马人接管了罗马人的别墅，他们学习拉丁语并接受了基督教。伟大的罗马城依然伟大。拉丁语直到 1500 年仍然是受过教育的欧洲人的通用语言，在今天的古老欧洲大学的庆典中仍然能听到这种传统语言的微弱回响。

那阿提拉自己又怎么样了呢？他仍然是历史上一位伟大的有着潜在可能性的人物。如果他有更高明的外交手段、更好的判断力，发动更少的战争并且致力于行政管理的话，他可能会比现实历史中的他更加成功。他甚至可能取得整个北欧，并与霍诺丽亚成婚，创建一个从大西洋到乌拉尔山、从阿尔卑斯山到波罗的海的王朝。或许，在某个平行世界中，不列颠也会落入匈奴人而不是盎格鲁人和撒克逊人的手中，而乔叟和莎士比亚会用匈奴语写作，而我们最后都会崇拜萨满教的长生天而不是基督教的上帝。

阿提拉对欧洲历史的贡献与蛮族迁徙、罗马的崩溃这些无论如何必然要发生的事紧密相连，他将两者拧在了一起。当他崛起时，他驱赶那些部落向西迁移的速度超过他们自己行进的速度。在他取得权威并榨干了边缘部落之后，他放慢了脚步。在政治学和历史学看来，阿提拉只是在欧洲历史的高速公路上增加了一些减速带，使得历史进程在这里能够加速，但在那边减速。这归结起来就是一个加加减减的完美平衡，但没有什么意义。

沿着这条路有着许多声响与骚动，但这同样也没有什么意义。历史学家汤普森简要地总结了自己的观点:“匈奴人对欧洲的进程没有直接贡献吗? 除了那种扫平日耳曼民族并使他们逃出罗马帝国的恐怖之外他们就没有提供什么了吗? 回答是: 是的，他们再没有提供什么了……他们只是劫掠者和强盗而已。”

真的只是这样吗? 其实并不十分确切。阿提拉可不仅仅只会抢劫和掠夺，他的名字仍然作为某种权威的典型形象在历史中回响。他的影响并不是寄托在他的实际成就上，而是在他对人们想象力的吸引上。他打破了历史事实的连接，插入了传奇故事，而且他本身就是一个不折不扣的传奇。

第九章

不真实的阿提拉

活着的阿提拉受到无数人的尊敬和崇拜，同时也有无数人恨他入骨。而死后，他身上的传说和争议却有增无减，无数人借着他的名字传播自己的观点，无数人借着他的经历编织属于自己的故事，以至于阿提拉的形象在人们的眼中越发不真实起来。在众说纷纭中，阿提拉已不再是阿提拉，而是一个文化符号了。

众说纷纭

在欧洲，从没有人像阿提拉这样拥有如此之多的争议。他既是压迫者也是英雄，既是异教的象征又是上帝的工具，如何评价阿提拉这个人完全取决于旁观者的观察角度。在他死后几年中，真相被各种宣传、传说、神话和完全不靠谱的流言所掩盖，这些文本在民间传说的激流中几经沉浮最终分化成了三个支流：基督教西方、日耳曼和斯堪的纳维亚边疆以及匈牙利。

大多数阿提拉的受害者以及大多数记录他事迹的人都是基督徒，而基督徒都有一个正式的目标：在善与恶角逐的战场，在上帝和撒旦之间，最后将以上帝的胜利告终。人类历史因此是一个不稳定的朝向基督第二次降临的前进过程，而且每一件事都被作为主的全能和智慧的证据而受到检验。

基督教编年史家的任务是看穿事件的迷雾，揭示底层的真相。阿提拉穿越欧洲的可怕进军并不归功于他自己。他只是上帝的工具，是置于犯错的基督徒背上的一根鞭子，或者在其他隐喻中，他是上帝报复的榨酒机、净化金子的熔炉，同时也是上帝显现他权威的机会，这种显现不是直接的，而是通过他的代理人，这个代理人的地位越高越好，从普通的修士、修女到主教、教皇，而受害者并不被认为是失败者而是被当作殉教者。在这场大灾变中，异教罗马旧的腐朽世界必须被消灭，而一个新的纪元将会降临，这是一次基督教的复兴，而更伟大的荣耀将会随之而来。

因此，就产生了一种引导人们将匈奴人的破坏进行夸大的假象。汪达尔人的名字与一种比较常规的劫掠联系起来；而哥特人引发了“哥特式”这个词，在它获得讨人喜欢的含义之前，它最早起源于一个因文化误用而产生的词汇。但是，匈奴人总是做出越轨的事。从一部写于阿提拉死后300年的编年史中，你会看到他将高卢和意大利完全夷为了平地。他甚至还被认为摧毁了佛罗伦萨，杀了5000人，尽管匈奴人从未穿过波河靠近佛罗伦萨100公里以内。

如《圣卢普斯生平》所讲述的那样，“没有城市、堡垒或者设防的城镇能够维持他们的防御”。除了贫瘠的土地之外，阿提拉没有留下任何东西。他符合启示录里的天启预言：“当千年将尽，撒旦会放出他的囚徒，他们将会使国家蒙难。”毁灭的景象越可怕，那些站出来成功地对抗他的人的影响就越大。

西多尼乌斯是当时那个时代最受人仰慕的作家，而他总是确保将他的赞词首先并且最多地给予那些有着神圣背景的人。正如他保存下来的信件所告诉我们的，他在基督教会上层中有一些朋友，其中包括：高卢最杰出的神职人员——卢普斯；西多尼乌斯的岳父——未来的皇帝——阿维图斯；阿尼安努斯的继承者——奥尔良主教——“最伟大和最完美的教士”——普洛斯珀；以及其他十几位主教。他自己后来也成了一名主教。

谁真正拯救了特鲁瓦、奥尔良和罗马？不是埃提乌斯和他的军队，而是三个神圣的人：卢普斯、阿尼安努斯和教皇利奥（事实上有四个，如果把阿维图斯也算进去的话）。毕竟他一生所致力的基督教关怀使他能劝说他的西哥特朋友与埃提乌斯联手。

这种目的的结果是个人的真实生活和事件很快被宣传。卢普斯和其他人变成了圣徒的典型，阿提拉则是来自地狱的首领，确切地说，那是由一些肖像画表现的，它们把他描绘成有着魔鬼的角和尖耳朵的怪物。

这是个危险的过程，因为历史学家受到了将传说和历史混同起来的诱惑，只是因为他们能成为一个好故事。看看阿提拉在与利奥会谈之后从意大利撤退的故事是怎么回事吧。

到了公元8世纪，这几乎成为了一个神话故事。执事保罗，一位当时的意大利人，他写了伦巴第人的历史，他笔下的阿堤拉这么说道：“哦！所来者不是那个曾迫使我离开的人（也就是利奥），而是另一位，他站在身后手持利剑威胁我，如果我不顺从他的命令就要杀了我。”在这之后，几乎每个人都在重复这个故事，并加入了更多的想象成分。拉文纳，帝国行政机构暂时的所在地，变成了最为人们认可的会议地点，尽管阿提拉从没有接近过它；在另一个版本的故事中阿提拉问谁来了，他被告知是教皇“前来为他的孩子，也就是拉文纳的居民们与你进行谈判"。阿提拉把这当作是一个笑话:"一个人怎么可能生下这么多的孩子?"

公元9世纪,在新近皈依的匈牙利,《匈奴人编年史》中提到阿提拉将教皇当作人质,直到他被一种景象所震慑,"也就是说,当这位国王朝上仰望时,他看到了一个人在空中翱翔,那人手中握着一把剑做咬牙切齿状,还威胁要砍下他的脑袋。因此阿提拉服从了罗马人的要求并且释放了使徒的继承人"。

后世的人们大都认为这个吓退了阿提拉的人是战神马尔斯或者圣彼得,而非教皇利奥一世。当然,也有少部分人将这个挥舞宝剑的人理解为圣徒彼得或保罗。拉斐尔于1514年将这一场景画在了一幅壁画中,他是为了另一位同样也叫利奥的教皇所画,这位教皇就是利奥十世。

可以看到,在1000年中,在事件发生300年后所编织的一个传说变成了事实并且被接受了,而且它在一些地方一直保存到现在。一个基督教网站轻率地加以肯定:"那个阿提拉所见到的在空中手持一把剑的人形物体可能是一位天使,就像《圣经》上说的一样。"

各式各样的传说

同样的事也发生在“上帝之鞭”这个绰号上。这个称呼最早出现在写于公元8世纪或9世纪的《圣卢普生平》中，但是它可能已经在口头传播了好一阵子。后来有许多种关于这个故事的版本，以下就是其中一种。

特鲁瓦受到了城墙和军队的坚强守护，并由主教坐镇指挥。卢普斯非常警惕。骄傲心膨胀的阿提拉骑马靠近，他重重地捶击了城门。

“你是谁?”卢普斯从上方问道，“那个像撒谷壳一般驱散人民并将王冠踩在马蹄之下的人。”

“我是阿提拉，匈奴人的王，上帝之鞭。”

“哦，欢迎，”这不太像是主教的回答，“我为上帝之鞭效劳!我不能阻止你。”然后他走下城楼亲自打开了城门，牵着阿提拉的马缰带他进了城。“请进，我的上帝之鞭，去你想去的随便什么地方吧。"

阿提拉和他的军队进了城，在街上漫步，他们经过了教堂和宫殿，但是没有看到什么，因为一朵云挡住了他们的视线。在被蒙蔽了双眼的情况下，他们被领着径直穿过了城镇，在出口处他们又奇迹般地恢复了视力。因此这头野兽被驯服为上帝的仆人。

历史溜走了，而传说则留存了下来。今天，一些历史书中直接将阿提拉称为"上帝之鞭"，好像他在当时就是这样被称呼的一样。你甚至还会听到一些荒谬的说法，说阿提拉自己取了这个称号，就好像他会说拉丁语而且清楚自己承担了神圣的职责一样。

在西欧很多地方都有完全伪造的关于阿提拉和匈奴人的故事，它们与事实相去如此之远，这里必须要将它们点点名。在意大利东北方的弗留利地区，民间传说歪曲了阿提拉的日耳曼名字，把艾策尔变成了艾泽尔，并且把他与一位 12 世纪的严酷统治者艾泽尔里诺混同起来："人们说他是魔鬼或者一条狗的儿子，他鼻子上长着黑毛，当他生气时这些毛会竖立起来，而且他每进行一次演说都以一阵汪汪的叫声为开端。"

在梅斯，一间小礼拜堂得到了花岗岩的保护，它使得匈奴人的剑被折断；在迪约兹，匈奴人因为抓了一位主教而瞎了眼，当主教被释放时，他们的视力又恢复了；意大利的摩德纳有他们自己关于圣卢普斯的说法；在兰斯，人们认为是魔鬼本人为匈奴人打开了城镇的大门。

科隆有着最著名的"匈奴人"受害者——圣乌苏拉和她为数甚多的

贞女们。你能在今天的科隆大教堂看到她们的遗骸，但那不是她们的骨骸，因为这整件事都是一个神话，而从中又迸发出许多纠缠不清的故事。

这个故事不太像是事实，其来源是一篇公元 4 世纪或 5 世纪的铭文，现在仍然可以在圣乌苏拉教堂看到。根据这篇铭文，一位叫克莱马提乌斯的元老在一种异象的触动下在这个地方重建了一座大教堂以纪念殉道的贞女们。没有迹象说明到底有多少名贞女，当然也没有关于匈奴人的线索。

随着岁月流逝，这些受害者组成了一个故事，1275 年它被拼凑在一起并于 1483 年由威廉·卡克斯顿第一次出版。这是一个关于一位公主乌苏拉的故事，根据不同的版本，她可能来自不列颠或者不列塔尼。一位异教国王向她求爱。她拒绝了国王的请求，在献出自己贞洁的同时要求得到一支由 10 名贞女组成的队伍同她一起去朝圣。这个故事接下去变得极其复杂，其中包括一次顺莱茵河而下去罗马的旅程以及发生在敌对教士之间的争论，但其结果是她们在返程途中到达科隆，却发现那里已经被匈奴人包围了，这些匈奴人在他们不知名的王子的命令下将她们砍了头。

后来，在 15 世纪和 16 世纪，乌苏拉和她的故事被匿名的荷兰和德国教师着色不少，卡拉瓦乔和卡帕奇奥为她的生平画了 8 幅画，这些画中有穿着佛罗伦萨服饰的匈奴人。也是在 16 世纪，克拉纳赫在德累斯顿将这个故事画成了圣坛装饰画，这幅画的中心不在于受害者，而是在于倚靠着自己的剑的匈奴人王子。1998 年，英国剧作家霍华德·巴克用这个神话检视了守贞诺言（受害者）的意义和道德冷漠（王子）的本质，后者容易让人联想到纳粹党卫军军官。

同时，这个传说又延伸到了另外一个领域，它鼓舞了一位16世纪的意大利修女圣安吉拉，她建立了乌苏拉修女会，这个修女会到1700年仅在法兰西就建了350个分会，其中不少在法国革命中被迫关闭了。在瓦朗西耶纳，11位乌苏拉会修女被送上了断头台，因为她们传播天主教并且允许那些对历史相似性颇为热衷的人把无神论的革命者比作匈奴人。故事、绘画、一部戏剧、音乐、女修会、大量的学校和学院……事情就这样永无止境地继续着。

成为史诗

罗马帝国的其他传统也在生根发芽，其中最奇怪的要数“善良的阿提拉”的故事了。很显然，就像在接下去的神话故事中那样，那些追溯自己根源的城镇将阿提拉看作是一种复兴的力量。

从前，当阿提拉在帕多瓦时，一位诗人来见他，他带来了一首歌颂这位伟大首领的作品，还带领帕多瓦人准备演出这部作品。这位诗人按照文学传统赋予了阿提拉神圣的血统。“这是什么意思?”我们的主人公打断他说道，“将一个凡人与不朽的神明相提并论！我不能接受这种亵渎！”然后他命令侍从把这个可怜的诗人连同他的诗歌当场烧死。当柴堆准备完毕而诗人也被绑在了顶端时，阿提拉走近说道:“够了。我只是要给这个谄媚阿谀的人上一课。我们不要吓唬这些用事实吟唱我们荣耀的诗人了。”

对于用法语或意大利语写作的伟大的后罗马时代史诗来说，材料已经足够，但没有作家作出成功的挑战，而只有一些失败之作，这些作家徒劳地尝试着写出有价值的作品并为此不惜修改历史。1667 年皮埃尔·高乃依的《阿提拉》上演了 20 场，后来就受到了应有的冷遇。一部由律师、哲学家、神甫和剧作家扎哈里亚斯·维尔纳写的糟糕的德国情节剧于 1808 年在维也纳上演了几次，它的结局是阿提拉被罗马公主霍诺丽亚谋杀，而不是像历史上那样自然死亡。它的一个英语版本于 1832 年在伦敦上演，以阿提拉的兄弟布莱达的一句台词作为结束:“哈！他死了吗？暴君死了吗？哈……哈……”然后就是歇斯底里的大笑。

这一悲惨的创作品后来还成了威尔第写于 1846 年的歌剧《阿提拉》的基础。他写作之时意大利为统一而斗争的运动正处于高潮期，作品中充满了对意大利爱国主义热情洋溢的抒发。威尔第的这部歌剧的第一幕就直奔主题，两名充满活力的阿奎莱亚少女出现，反对阿提拉的命令。

“谁胆敢违抗我的禁令去保护他们?”阿提拉问他的布里多尼奴隶乌尔迪诺，后者回答说他们是为阿提拉提供的有价值的贡品:“他们是非凡的武士，在保护他们的兄弟……”

“我听到什么了？”国王打断说道，“是谁激发起了不好战的女人的英勇？”

然后，父亲已经被杀害的阿奎莱亚公主奥达贝拉充满了力量地回答：“是对我们祖国无尽的神圣之爱！”

歌剧上映之后，其中埃提乌斯对阿提拉的一个请求的一句台词，很快变成了一句政治口号：“你可能会得到整个世界，但把意大利留给我吧！”

故事情节的本身已经基本与历史的真相扯不上半点关系了。阿提拉被他已经订婚的妻子奥达贝拉刺杀致死，但是艾奇奥为罗马重生所做的充满深情的请求立刻引起了共鸣，而音乐的激情也令人仰慕，这就是为什么这出歌剧到现在仍然偶尔会上演的原因。

在一些地方，你至今仍然能够听到阿提拉经过时的喧嚣在微弱地回响。在离阿奎莱亚不远的乌迪内，人们说那座在山顶上俯视着他们城镇的堡垒是阿提拉的人所建的，他们建造它的时候把自己的头盔当作桶来用。这样，他们的首领就能够津津有味地观看大火中的阿奎莱亚的壮观场面。

在沙隆附近卡太隆尼平原的北部边缘地带，有一个标志指向东北方的“阿提拉的营帐”，结果却发现并非这么回事。那个被树丛覆盖的土墩是一座建于公元 1 世纪的山堡，它之所以能够与阿提拉联系起来只是因为匈奴人的到来是当时发生的最大的一件事。如果法国学生知道关于匈奴人的任何事，那也只是些被认为是阿提拉的自夸之语：“无论我的马经过哪里，草都不会生长。”最后，他的名声也活跃在电影之中，首先是弗里茨·朗的《克里姆希尔德的复仇》，另外还有最近的一些只会在脚注里被提到的重拍作品。

阿提拉与德国

但是在日耳曼人，更确切地说，是日耳曼部落的眼中，阿提拉的形象就大为不同了，因为他们曾经是阿提拉帝国的组成部分。他们带着极大的尊敬并将他铭记在脑海里。在古老欧洲讲着日耳曼语的群体之间有游吟诗人在走动，他们吟唱过去的荣耀，把他们的创造性从一个宫廷带到另一个宫廷，他们从意大利北方的伦巴第来到哥特人首都图卢兹、日耳曼在法兰西的领土、莱茵河东岸正在出现的说日耳曼语的地区，他们总是朝着北方前进。

在这些诗人的口中，阿提拉变成了一个日耳曼传奇中的著名人物，在最古老的英语传奇中也是如此。他在最古老的英语诗篇《威兹瑟斯》中被提到了一笔，这部诗歌可能在公元 7 世纪写成于麦西亚。所有的这些传说都是对历史的破坏，它们将历史歪曲得面目全非，变成了一个塞满了各种英雄、各种奇迹、神明以及文学主题的破布袋。

到了公元 9 世纪，阿提拉成了斯堪的纳维亚半岛的萨迦（也就是北欧的英雄传说）的一部分，就像他在日耳曼的传说中一样。这很奇怪，因为他短命的帝国几乎没有触及波罗的海。然而匈奴帝国尽管不是日耳曼人的，但看起来却有着足够的力量抓住他们的民间记忆和大众想象。直到现在，在德国北部的老百姓还把坟墓的土堆称作“匈能贝特”，意思是匈奴人的床。

因此，在挪威人和丹麦人眼中，阿提拉加入了东哥特人埃尔马纳里克和勃艮底人贡迪卡留斯的部队，然后到了更远的格陵兰，这成了在 10 世纪写成的《阿提拉的格陵兰叙事诗》的来源。他还走了更远，同陶里芬·卡尔塞维尼以及他的 100 个维京人到达了新世界，他们在 1018 年在纽芬兰海岸建立过短期的殖民地。没有斯克拉林人曾听见过这些歌谣，但是在新世界里听到的第一件音乐或诗歌作品就是关于阿提拉、匈奴人以及他们与勃艮底人的战斗的，这的确是够古怪的。

这就是传说的实质：在记录下来的原始材料中只是一次小事件，但在民间记忆中就变成了一件大事，这可能是因为阿提拉的传奇像家族世仇一样扮演了很好的戏剧性角色。

只有一些保存下来的文字片段暗示了它的流行程度，其中包括一部公元 9 世纪的拉丁文史诗，这部史诗有日耳曼语和英语两个版本。这个故事的主要人物是一个叫瓦尔特的人，阿提拉宫廷中的一名人质，他是最受这位国王青睐的人，但他同一位公主希尔德贡德逃跑了。他们拥有一笔宝藏，所以英雄哈根前来追捕他们，这个哈根可能是勃艮底人也可能是匈奴人，后来又有勃艮底国王巩特尔的加入。经过一场恶战，三位英雄达成协议，停止了战斗。

这个故事与另外一组传说有些重合，那是关于勃艮底人自己的，他们又被称为尼伯龙根人。这里，在另外的一个情节中，诗人对待材料就像在用它们来编造一部史诗那样随意：可以使阿提拉被齐格弗里特引诱进入齐格弗里特的藏宝室，然后死在了那里；或者，阿提拉给了哈根一名少女，她生下了阿尔德里安，阿尔德里安又引诱了阿提拉。在这些故事中间你无法找到统一性。

还有另一种版本。勃艮底的巩特尔（真实世界中的他被阿提拉之前时代的匈奴人杀死于公元 437 年）有一笔宝藏。他有一个姐妹谷德伦，嫁给了阿提拉。阿提拉想要迫使巩特尔说出宝藏所藏的地方，于是他把巩特尔丢进了蛇坑并杀死了他。最终，谷德伦进行了一场可怕的报复。在记录整个传奇最好的版本《伏尔松格萨迦》中，谷德伦举办了一场盛宴，她声称这是为了显示她接受了自己的命运。但事实远非如此，她杀了她与阿提拉生的两个男孩，然后在筵席上让复仇达到了高潮。

在剧中的宴会上，国王阿提拉问他的儿子们在哪里。谷德伦回答说："我会告诉你并愉悦你的心。当你杀了我兄弟时，你使我承受了巨大的痛苦。现在你将会听到我要告诉你的：你已经失去了你的儿子，他们的头骨被放在这桌子上当酒杯，而你自己喝了混入他们血的酒。然后我把他们的心叉起来烤熟，而你把它们吃了。"

对于这个传说，你可以再加入一个关于布隆希尔德的背景故事，她是巩特尔在英雄屠龙手齐格弗里特的帮助下所战胜的人，在谷德伦嫁给阿提拉之前曾经是他的妻子。巩特尔杀死了齐格弗里特，从他那里得到了宝藏，而正是这笔宝藏使得阿提拉杀死了他。

很多类似这些关于贪婪和复仇的传说都把阿提拉当作了一个中心。他可能是来抢夺尼伯龙根宝藏的最大对手。或者，因为他是非日耳曼族的外来者，他可能扮演了一种有权势的、和蔼的和受骗的统治者的角色，尽管这种形象令人难以信服。这就是他在最著名的中世纪日耳曼史诗《尼伯龙根之歌》中被描绘的形象，这部史诗创作于1200年前后，作者是一位写下许多广为流传的故事的荷马式无名诗人。

《尼伯龙根之歌》里的阿提拉是一个奇怪的、不过分自信的角色。在史诗产生的那个时代背景中，他成为了一位国王所持有的两种最好的美德——信仰和温和的例证。但是这使他在戏剧化角度看起来更加无能，他几乎对所有的事都一无所知。他不知道他的妻子克里姆希尔德在为她的前夫齐格弗里特哀悼；他对于前来拜访的勃艮底人和他的匈奴人之间的紧张关系毫不知情；他什么都不怀疑，甚至当勃艮底人全副武装出席教堂时也是如此。克里姆希尔德将他蒙在鼓里指挥了这次行动。没有什么比这种形象与历史上的阿提拉更不一致的了，那个狡诈的阿提拉，他的悉心曾经令普里斯库斯和他的外交使团遭遇尴尬，他建立了一个帝国，并且同时挑战君士坦丁堡和罗马。

信仰和温和对于贵族英雄主义来说并不是什么好品性，这也是努力接受这种民族财富的19世纪德国作家所遇到的部分问题。哲学家格奥尔格·黑格尔认为这整件事都应该被当作反动、落后、微不足道和陈腐的东西倾倒掉；对于需要材料的作家们来说最好是把目光聚焦于德国的真实根基：基督教和罗马帝国。但这没有引起作家们的注意。除了维纳的悲惨戏剧之外，19世纪的德国还有另外五出阿提拉的剧作，而在20世纪又有四出。剧作家弗雷德里希·赫贝尔在1861年上演的《尼伯龙根》三部曲中尝试了一次黑格尔式的风格，他赋予了阿提拉以基督教美德，这样，他的死亡使人们期盼一个勇敢的新基督教世界。

瓦格纳看到了应该如何最好地把握阿提拉这个人物。在他的《指环》四部曲歌剧中，他做了一名出色的游吟诗人会做的事：他从日耳曼和北欧传说中拣选了最适合的成分，他主要倾向于北欧神话，选取的题材包括一处黄金宝藏、一枚权力之戒、一项隐形头盔、神明、巨人、一头龙、女武神，与此同时，他弃绝了历史，完全抛下了阿提拉。

如果不是19世纪晚期和20世纪的欧洲堕入了新形式的野蛮主义的话，或许民间对于阿提拉的记忆已经死亡了。在恰当的环境下，愤怒和偏见有了一个现成的象征。这些环境首先出现于1870年的普法战争当中。

在1870年的夏天，德国人杀了1.7万名法国士兵并且在色当俘虏了10万人，然后继续南下。他们因为与阿提拉有着同样的战略而直趋沙隆和卡太隆尼平原，那里具有开阔的空间，能够迅速展开攻击队形，只不过他们的目标是巴黎。一篇发表于一份发行量颇大的报纸上的文章指出，十月时节使得入侵的德国人和匈奴人明显处于相同的境地，它比较了威廉一世与阿提拉并且回忆了圣热纳维耶芙如何保卫巴黎的故事。现在，上帝会帮助那些帮助自己的人，显然上帝确实这样做了。因为俘虏的拖累，然后又被法国游击队袭击而减缓了步伐，普鲁士军队不得不停了下来。他们进军西方的目标与阿提拉出奇地巧合，竟然都是奥尔良。就是在那里，阿提拉被迫折返。同时，接下来的休战加强了法国人想象中的德国人作为现代欧洲的匈奴人的印象。

在接下来的40年中，两股强大的力量相互紧紧地盯着对方。特别是法国人，他们在羞辱和无能中骚动，等待着一个报复这些匈奴人化身的机会。

事实上，德国人喜欢这样的比较。当德国派遣部队来到中国对付义和团时，德国皇帝威廉二世告诉他的士兵们:“所有落入你手中的东西任由你们支配。就像在1000年前阿提拉领导下的匈奴人那样去获得一种荣誉，他们正是由于这种荣誉才活在历史传统之中。那么愿德国的名字以这样的姿态为中国所知，这样就没有中国人再胆敢蔑视任何一名德国人了。”

时代的偏见

德国国家主义与德国帝国主义紧密相伴。鉴于相竞争的帝国主义者到处都是，比如法国、俄国和英国，德国攫取了新的殖民地并建立了一支与超级大国英国相当的舰队。因此，英国的统治阶层感到德国扩张的威胁是如此紧迫，他们中间的一个就是不列颠帝国和英式风格在文学领域的捍卫者罗德亚德·吉卜林。

正是吉卜林第一次将法国人把德国人与匈奴人等同起来的观念带给了英国读者。1902 年，一件被长久忘却的事件激发了他的灵感，在这次事件中德国人建议建立一支联合舰队旨在向委内瑞拉讨债。吉卜林对与德国合作的想法相当愤慨，他把他的怒火通过船夫之口说了出来，这名船夫象征着那些为国王和帝国辛苦劳作并且值得尊敬的人。

12 年后，吉卜林的恐惧成为了现实，虽然人们没有意识到不列颠帝国和德意志帝国其实是同一硬币的两面。然而德国面临着一个独特的问题，那就是同时对付法国和俄国两条战线所带来的不确定性。得胜的关键是要迅速征服法国，这意味着要发动一场快速穿过比利时中部的突袭，任何反对或者拖延的迹象都会遭到无情的对待。因此，从德国所面临的情况看，战争必然包含无正当理由地入侵一个中立国家以及采取恐怖手段的准备。

理论变为现实不可避免，这在德国于1914年8月进军比利时后几天之内就发生了。在鲁汶的大学城，一些比利时狙击手激起了一场可怕的过度反应，这为德国人提供了一个很好的宣传材料：成百人被杀，数千人被捕，1000座建筑被焚毁，其中包括古代的图书馆和23万卷书。8月29日，《时代》杂志为“比利时的牛津”在“这些匈奴人”手中的损失感到惋惜。吉卜林本人也敦促英国开战：“为了我们的所有和我们自己以及我们孩子的命运，起来战斗吧。匈奴人已经兵临城下！”

这种反应没有局限于英国。“鲁汶的火焰”象征了“可怜的比利时人”的命运，而那些还没有进入战争的国家都被吓坏了。在整个欧洲，愤怒都在为偏见和自以为是脱罪。在瑞士，法国诗人和马上就要成为诺贝尔奖获得者的罗曼·罗兰写了一封信向德国作家、1912年诺贝尔文学奖获得者格哈德·霍普特曼提出抗议，他把德国人和匈奴人归为同类并质询霍普特曼：歌德留下的遗产究竟是怎么了？霍普特曼以前曾批评过普鲁士国家主义，现在却暴躁地回答说：“现在的德国人更愿意被当作阿提拉的子孙不是歌德的后代，这种爱国情感的迸发为他赢得了皇帝生辰荣誉勋章。”

整个脆弱的条约体系在两个月内就破裂了，而德国人再次跟随着阿提拉的脚步逐步向前推进。他们的第三军团挺进到了卡太隆尼平原，但在获取速胜之后，他们也失败了。这次，英国人是法国人的盟友，他们很快接受了法国以及吉卜林带有侮辱性质的类比，也接受了一种侮辱性更淡薄的绰号“博什”。

吉卜林简单而不假思索的等式“德国人 = 匈奴人”成为了一种大众常识，而且也总是作为一种被总体化的单数形式“the Hun”出现。1917 年 1 月的《战争图解》中的一篇文章的名字就叫《匈奴人的足迹》。阿盖尔郡及萨瑟兰高地第 11 营的罗伯特·林德塞·麦凯在他的日记中写道:“在很多地方都表现出来，匈奴人打算坚守他们的第三条战线，但我们在早先行动中突破并袭击他们的侧翼使他们坐立不安。”

但是关于这个词汇有些奇怪的地方。没有人曾经称呼阿提拉的匈奴人为“the Hun”。然而对于讲英语的人来说，到处都能看到“the Hun”用来代表德国、德国人和日耳曼蛮族。你可能会认为“the Hun”是英语的一种普遍用法。当然，情况已经糟到了无法为它的传播找到充分的理由。当西部前线稳固在战壕中时，士兵们进入了一种将任何暴行都看成是真的，把任何流言都当作是事实的噩梦之中。普通士兵“知道”德国人煮尸体熬油，在无人区将囚犯钉上十字架，并且用带锯刃的刺刀战斗，这样能够更好地剖开英国人的腹部。正如保罗·富塞尔在《大战和当代记忆》中写的那样:“这是希望那些刺刀能说明德国人性格的污秽，在当时，谣言始终认为这种武器是匈奴人特有的、表现他们污秽的工具。”

打仗的人不提“the Hun”，因为他们并不像那些待在家里的人所希望他们那般憎恨德国人。在《旅行的结束》这部由以前当过兵的 R.C.谢里夫创作的戏剧中，战壕里的人谈到“博什”，却从来不提“the Hun”。其中一个人还评论说：“德国人真的相当正派，不是吗？我是说，在报纸所谈论的之外。”

在报纸所谈论的之外。“匈奴人”这个词属于那些待在家里对煽动恨意非常感兴趣的人，就像吉卜林、宣传部的官员，以及反德的明星作家。E.A.麦金托什于1917年11月被杀害于坎布拉，年仅24岁，他在《征兵》中号召道：

孩子们，需要你们的帮助，
在火车车厢壁上，
贴着海报，我想象着，
那双写下这篇号召词的手，
肥胖的市民希望自己，
能去与匈奴人作战！

1918年12月10日，星期天，休战的前一天，《世界新闻》宣布了匈奴人肯定投降的结局。

“The Hun”这个词汇是属于他们那个时代的，而那个时代已经过去。到了20世纪30年代，它渐渐淡出不再流行，并成了模仿英帝国风格的用语，继而让位给了一个更大的恐怖组织——纳粹。希特勒的反犹太主义释放了一种令匈奴人的残忍都望尘莫及的邪恶。20世纪40年代出版的两本书《非洲的匈奴人》和《驱走匈奴人》成为了这一词汇最后的喘息。今天，这个词成了一种古语，只有在唤起人们对一个时代的以及对它的古老偏见时才会被用到。

阿提拉的后人们

匈牙利，阿提拉的故乡，在他崛起成耀眼的明星后不久，也就是公元 896 年，迎来了匈牙利人的到来，他们也被称作马扎尔人。在这个世纪中最好的时刻，这些游牧战士扮演了新的匈奴人的角色，他们闯入了保加利亚、法国、意大利和德国，直到奥托一世皇帝于公元 955 年在莱希河畔阻止了他们的强盗行径。

在这之后，因为没有地方可以迁移以及没有更加孱弱的人可以劫掠，他们便定居了下来。10 世纪 70 年代，他们的首领盖佐与皇帝奥托二世以及教皇达成了一项协议。协议内容是这样的：盖佐将接受洗礼，并释放所有基督徒奴隶，用以交换对他作为国王的承认。为了确保这项协议的实行，他将他的儿子瓦伊克改名为伊什特凡，并让他与奥托二世的一个附庸王国巴伐利亚国王的女儿吉瑟拉结婚。

释放基督徒奴隶的条款无法让匈牙利贵族满意，当盖佐死于公元997年时这个地方仍然骚动不断。年轻的斯蒂芬当时22岁，他最终加冕了王权，并使自己于1001年加冕为国王。为了表彰这次事件，教皇西尔维斯特二世送给斯蒂芬一顶王冠，这顶王冠按照传统将在未来的1000年中戴在每一位匈牙利国王的头上。它（或者是它的复制品，其真伪仍在争论之中）现在在匈牙利国家博物馆展出，成为中欧心脏地带的匈牙利与基督教稳定性的一个熠熠生辉的象征。斯蒂芬又继续建立了在两个大主教管辖下的10个主教区，并成为许多修道院的保护人。他死于1038年，50年后，他被封为圣徒。

这一切说明了什么？一个1020年的匈牙利人，他是基督徒，是拥有土地的贵族，却发源于其作为一个蛮族劫掠者的曾祖父生活过的地方，而他的曾曾曾祖父母则是不识字的游牧民。他们没有什么身份，没有深刻的根基，也没有对这块土地的任何历史要求。现在，缺少这些东西的人们想要得到它们，这就是匈牙利人带着安慰追忆这些人民和这位领袖时所做的事，他的成功看来如此卓著，似乎预示了他们自己的成功。

很快，游吟诗人唱的民间故事提供了三位伟大的英雄：阿帕德、阿提拉和斯蒂芬。斯蒂芬在阿帕德之后仅仅一个世纪，是写起来毫不费力的一个环节。但是在阿帕德和阿提拉之间有四个世纪的空白以及一千公里的路程。这样的空白却是给诗人们的一个礼物，它很快被沿着以下线索的故事填补了进去。

当国王阿提拉死后，他留下了两个儿子。第一个儿子登吉奇希死于战场；第二个儿子艾纳克被改名为查巴，他是罗马公主霍诺丽亚的儿子。查巴回到了亚洲，留下了3000名武士，这些人被称作察格勒人，他们是边疆的守卫军。

查巴祈祷说无论何时只要他的人民遇到了麻烦，自然女神都会亲自告诉他，而他会回来保护他们。他曾经两次骑马回来保护他们。岁月流逝，查巴死了，结果自然是察格勒人遭受了强敌的威胁。查巴做了最后一次返回，他带着一支军队在布满星辰的夜空下前来驱散了敌人。这条闪光的幽灵般的道路成为了通往天堂之路。匈牙利人把它叫作密尔基路，也就是“灵魂之路”，并记住了查巴以及他的英雄父亲阿提拉。

在查巴以后的几代人之间，匈奴人和马扎尔人天衣无缝地衔接了起来：乌格克、艾洛德然后是阿尔摩斯，后者有着自己的一整套史诗，因为这是个摩西式的人物，他带领着他的人民回到了喀尔巴阡山，并死在了那里，这个任务最后被阿帕德所完成。

现在，马扎尔人回到了他们的故乡，在那里，他们同察格勒人结成联盟，后者仍然坚守着他们作为边疆守卫军的职责；这也是为什么他们能够作为一支说匈牙利语的少数民族留存在罗马尼亚中部一直到现在的原因，而且他们至今仍然声称自己是阿提拉的后代。

这些故事被异教游吟诗人歌唱，但他们在有着成群的有文化僧侣的基督教国家中没有地位。当口述传统消亡后，一种文字传统取而代之，记录者篡改了这些古老故事而保存了他们自己的民族主义的目标。

在13世纪的《匈牙利编年史》中，一位匿名的本尼迪克僧侣再次宣称阿提拉是阿帕德的直系先祖，因为阿提拉的缘故，阿帕德的马扎尔人于公元 896 年入侵喀尔巴阡山脉只不过是重返他们自己的故乡而已。在《编年史》写成后不久，匈奴人的英雄身份经历了一次短暂的倒退，因为匈牙利人将他们等同于蒙古人，后者于 1241—1242 年间毁灭了这个国家。

阿提拉的名誉因为一名叫作西蒙·凯佐伊的编年史家而得到恢复，西蒙将他的英雄描绘成被财富所围绕，甚至他的马房也挂着紫色的天鹅绒。从那以后，阿提拉重新成了祖先也又成了英雄国王。人们甚至相信阿提拉的剑曾经被匈牙利国王所拥有，直到它于 1063 年被赠予了一位日耳曼公爵，而公爵又把它赠给了他的皇帝亨利四世……

如果我们让这些传奇继续流传下去的话，它们会一个接一个地永远向前发展。到了 15 世纪末，阿提拉变成一位匈牙利人的查理曼，他不仅是阿帕德和斯蒂芬的祖先，而且是他们的继承者匈牙利最伟大的国王马蒂亚斯·科维努斯的祖先，而马蒂亚斯的廷臣则因为他使匈牙利恢复了国家的权威和荣耀而恭维他为“第二位阿提拉”。

马蒂亚斯对这种比较颇为着迷。他宠爱的历史学家、意大利人安东尼奥·邦菲尼将阿提拉塑造成一个罗马人和原始的文艺复兴者的形象，并为他创造了伟大的演说以纪念谋杀布莱达和卡太隆尼平原战役。然而，与阿提拉做比较并不总是奉承拍马。卡利马丘斯，一位马蒂亚斯的批评家，他是一个对波兰王国有着持久热爱的意大利贵族，将马蒂亚斯视为对欧洲和平的威胁并在他的关于匈奴人的传记中攻击马蒂亚斯并视他为阿提拉，将他描述成一个暗箭伤人的小人、劫夺土地的暴君。

但是甚至是卡利马丘斯，在其内心也没有拒绝认同阿提拉是一个匈牙利人，一个符合匈牙利贵族和国王的神话。在18世纪，神圣罗马帝国的皇子艾什泰哈奇——海顿的保护人、一座被称为匈牙利凡尔赛宫的城堡的拥有者，将他们骄傲的但却是伪造的世系追溯到阿提拉身上。

因此，今天的匈牙利人看待阿提拉与西欧人完全不同并不足为怪，而且这也合乎常理。阿提拉到了最后，更大程度上是一名劫掠者而不是皇帝；但是他所做的只不过是他那个时代的领袖必须做的事，也就是从受害者和敌人那里获取更多的战利品。

只有胜利才能使他们有时间和空闲去发展更加文明的美德，而阿提拉没有成功到足以发展这些美德的地步。他可以创造一个从大西洋到里海的帝国，他能在鼎盛时期与罗马分庭抗礼；他的继承者能占领罗马城本身，攻击君士坦丁堡，从而改变了历史的进程。即使他曾朦胧地瞥见到这一幕，他也无法以此为中心目标，更不用说去征服这座城市了，因为他最终也没有能够掌控他自己创造的这个庞然大物。相反，是这个庞然大物控制了他，并把他驱赶向死亡，同时，其自身也匆匆灭亡了。阿提拉留下的遗产就是他的名字、他的形象，以及假如没有他的话历史会变成什么样子的神秘感。